Führmann · Hoefs

ERZIEHUNGSSPIELE FÜR HUNDE

KOSMOS

Impressum

Mit 344 Farbfotos von Christof Salata/Kosmos und 2 Farbfotos von Karl-Heinz Widmann (2: S. 102, 103).

Umschlag von eStudio Calamar unter Verwendung von 5 Farbfotos von Christof Salata/Kosmos.

Die Deutsche Bibliothek – CIP-Einheitsaufnahme
Ein Titelsatz für diese Publikation ist bei
Der Deutschen Bibliothek erhältlich

Bücher · Kalender · Spiele · Experimentierkästen · CDs · Videos ·
Natur · Garten & Zimmerpflanzen · Heimtiere · Pferde & Reiten · Astronomie ·
Angeln & Jagd · Eisenbahn & Nutzfahrzeuge · Kinder & Jugend

KOSMOS Postfach 10 60 11
D-70049 Stuttgart
TELEFON +49 (0)711-2191-0
FAX +49 (0)711-2191-422
WEB www.kosmos.de
E-MAIL info@kosmos.de

Alle Angaben in diesem Buch erfolgen nach bestem Wissen und Gewissen. Sorgfalt bei der Umsetzung ist indes dennoch geboten. Der Verlag und die Autoren übernehmen keinerlei Haftung für Personen-, Sach- oder Vermögensschäden, die aus der Anwendung der vorgestellten Materialien und Methoden entstehen könnten.

Gedruckt auf chlorfrei gebleichtem Papier

© 2002, Franckh-Kosmos Verlags-GmbH & Co., Stuttgart
Alle Rechte vorbehalten
ISBN 3-440-08856-1
Redaktion: Ute-Kristin Schmalfuß
Gestaltungskonzept & Satz: eStudio Calamar
Produktion: Kirsten Raue, Markus Schärtlein
Reproduktion: Master Image, Singapur
Printed in Czech Republic / Imprimé en République Tchèque
Druck und Bindung: Graspo CZ a. s., Zlín

Inhalt

Erziehungsübungen für Fortgeschrittene	Kommen aus schwierigen Situationen	8
	Platz auf Entfernung	14
	Sitz und Platz mit großer Ablenkung	20
	Bei Fuß ohne Leine	26
	Der Reitbegleithund	35
	Pferdebegegnungen	37
	Die Tabudecke	38
Tricks	Ein Verhalten formen	42
	Das „Klassische" Targetstick-Training	44
	Bellen und Zählen	48
	Rolle	51
	Sich schämen	53
	Zickzack durch die Beine	55
	Sprünge über Hindernisse	58
	Sprung durch den Reifen	60
	Für Fortgeschrittene – Der Sprung durch Papier	62
	Sprung durch die Arme	66
	Sprung in die Arme	67
	Das fliegende Leckerchen	69
	Einen Vortrag halten oder beten	71
	Der „Blaue Fleck"	74
	Spielzeug aufräumen	78
	Toter Hund	81
	Spanischer Schritt	82
	Auf dem Ball balancieren	84
Apportieren	Apportieren Schritt für Schritt	86
	Bringen verschiedener Gegenstände	99
Nasenarbeit – Übungen für Schnüffler	Die Wundernase	102
	Freie Suche nach Menschen	104
	Suchspiele mit Futter und Spielzeug	106

Inhalt

Auf heißer Spur	Fährtenarbeit	110
	Eigenidentifikation von Gegenständen	120
	Wasserspur – Suchen auf Teer	122
Spiele für Clevere	Hütchenspiel	124
	Der Strick	126
Erziehungsspiele für Gruppen	Voraussetzungen für Gruppenspiele	128
	Hundewettrennen	130
	Sitz, Platz, Fuß	132
	Eierlauf	133
	Der Fuchs geht um	135
	Die Reise nach Jerusalem	136
	Sprünge über Hunde	138
	Picknicksimulation	140
Sport und Spiel	Für jeden Hund	142
	Für Sportliche Typen	144

12 TRANINGSKARTEN FÜR DRAUSSEN

Ab Seite 160 finden Sie 24 tolle Übungen, Tricks und Spiele. Sie können die Karten einfach heraustrennen, in die Tasche stecken und los geht's zum interessanten, abwechslungsreichen Erziehungsspaziergang.

- Kommen aus schwierigen Situationen
- Platz aus der Bewegung
- Sitz und Platz mit großer Ablenkung
- Fuß mit und ohne Leine
- Slalom durch die Beine
- Targetstick-Training
- Sprung durch den Reifen
- Sprung durch die Arme
- Der blaue Fleck
- Spanischer Schritt
- Apportieren
- Bringen verschiedener Gegenstände
- Versteckspiel
- Fährtenarbeit
- Eierlauf
- Der Fuchs geht um
- Eigenidentifikation
- Rolle

ZIEL DIESES BUCHES

Nach Erscheinen unseres ersten Buches „Das Kosmos-Erziehungsprogramm für Hunde" traten viele Hundefreunde an uns heran mit der Bitte, ein weiteres Buch zu verfassen. Dieses Buch soll im weitesten Sinne auf unserer Erstveröffentlichung aufbauen: Erziehungsspiele, die bereits einen guten Gehorsam voraussetzen, sind hier zu finden, doch ebenso Tricks zur Beschäftigung für den Haushund, die jeder daheim ohne großen Aufwand nachvollziehen kann. Spaß und Abwechslung stehen in diesem Buch im Vordergrund. Trotzdem möchten wir Ihnen gerne einige Anmerkungen mit auf den Weg geben, bevor es losgeht.

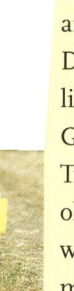

Nicole Hoefs mit Brian.

Der Basisgehorsam sollte insgesamt „sitzen". Beim Training in unserer Hundeschule beziehen wir, insbesondere bei den vielen stark unterforderten Hüte- und Jagdhunden, Beschäftigungsspiele in den Unterricht mit ein. Hierbei zeigt sich oft, dass viele Hunde zunächst große Probleme beim Erlernen von Tricks haben. Dies, so ist unsere Erfahrung, liegt häufig daran, dass die Kommunikation zwischen Mensch und Hund zu Beginn noch von vielen Missverständnissen geprägt ist. Sei es, dass der Hund schlicht und ergreifend mit einem wahren Sermon an Hörzeichen überschüttet wird, ohne dass ihm jemals gezeigt wurde, was überhaupt von ihm gewollt wird, sei es, dass der Hund prinzipiell gelernt hat, seinen Menschen zu ignorieren, und zunächst nicht bereit ist, etwas für seinen Zweibeiner zu tun.

Petra Führmann mit Shean.

Aus eben diesen Gründen sollte die Kommunikationsstruktur zwischen Hund und Besitzer geklärt sein, denn sonst bleibt entweder der Gehorsam oder der Spaß auf der Strecke.
Sozial aggressive Hunde sollten einem erfahrenen Hundetrainer vorgestellt werden. Hunde, die ihren Menschen aggressives Verhalten entgegenbringen, könnten die Anstrengungen ihres Zweibeiners, ihnen beispielsweise eine Rolle beizubringen, durchaus missverstehen. Kinder sollten mit den Hunden ihrer erwachsenen Menschen ausschließlich unter Anleitung üben, und dies auch nur dann, wenn der Hund kooperativ und freudig Kindern gegenüber ist.
Insgesamt sollten Sie nicht zu schnell vorgehen und keinesfalls falschen Ehrgeiz entwickeln. Nicht alle Hunde bringen die Arbeitsbegeisterung eines Border-Collies mit.
Die Erziehungsspiele sollen nicht nur den Hund auslasten, sondern nach Möglichkeit auch die Attraktivität des Besitzers steigern. Fordern Sie Ihren Hund daher nicht so lange, bis er sich lustlos abwendet. Optimal ist es, alle Übungen zu einem Zeitpunkt abzubrechen, zu dem der Hund noch genügend Begeisterung mitbringt. Diejenigen Leser, die mit dem Prinzip des Clickers vertraut sind, können selbstverständlich alle Übungen mit diesem bestärken. Für die interessierten Hundefreunde, die mit dem Clickertraining noch keine Erfahrung haben, gibt es mittlerweile ausgezeichnete Literatur, die Sie im Anhang nachschlagen können. Und nun viel Spaß!

Petra Führmann und Iris Franzke mit Li.

ERZIEHUNGSÜBUNGEN FÜR FORTGESCHRITTENE

- 9 KOMMEN AUS SCHWIERIGEN SITUATIONEN
- 14 PLATZ AUF ENTFERNUNG
- 20 SITZ UND PLATZ MIT GROSSER ABLENKUNG
- 26 BEI FUSS OHNE LEINE
- 35 DER REIT-BEGLEITHUND
- 37 PFERDE-BEGEGNUNGEN
- 38 DIE TABUDECKE

KOMMEN AUS SCHWIERIGEN SITUATIONEN

Voraussetzungen

Für den fortgeschrittenen Hundefreund empfiehlt es sich, das Kommen weiterhin regelmäßig, jedoch mit möglichst viel Abwechslung und gesteigerter Ablenkung zu trainieren. Die nun beschriebenen Übungen setzen einen Hund voraus, der beim Hörzeichen **HIER** nicht mehr mit „ich kann gerade nicht" antwortet. Um dieses Ziel zu erreichen, möchten wir an dieser Stelle nur kurz auf unser erstes Buch „Das Kosmos-Erziehungsprogramm für Hunde" verweisen. Es sei davor gewarnt, hier zu schnell vorzugehen und zu rasch Anspruchsvolles zu fordern. Sicherlich wissen Sie, dass der Hund auch lernt, nicht zu kommen. Dies geschieht, wenn man nur oft genug vergeblich ruft. Davor möchten wir eindringlich warnen!

Die richtige Belohnung – der halbe Weg zum Erfolg

Insgesamt sollte man den Hund möglichst oft mit eben der Sache belohnen, von der man ihn abgerufen hat. Dies ist eine ausgezeichnete Möglichkeit der variablen Belohnung, mit deren Hilfe die Kooperation mit dem Menschen für den Hund interessant und abwechslungsreich bleibt. Treffen Sie beispielsweise beim Spaziergang den besten Freund Ihres Hundes und sehen diesen schon von weitem, so könnte die Belohnung nach dem Hörzeichen **HIER** und einem kurzen Aufenthalt bei Ihnen das Hörzeichen **LAUF** sein und die darauf folgende Begrüßung des Spielpartners.

Der Jackpot hat eine hervorragende Wirkung in der Hundeerziehung.

Erziehungsübungen für Fortgeschrittene

Wenn Sie Ihren Hund aus dieser Situation heraus rufen können, hat er eine Belohnung wirklich verdient! Und Sie auch.

Jeder kennt seinen Hund sehr genau und weiß daher, was für ihn eine große Belohnung darstellt. Das **LAUF** nach dem Heranrufen kann sich z.B. auf das Mäuseloch beziehen, in dem der Hund für sein Leben gerne buddelt, auf das Stöckchen, welches er gerade am Wegesrand entdeckt und aufnehmen möchte. Beim Hasen, Jogger o.Ä. verzichten wir natürlich lieber auf die Belohnung in Form von **LAUF**.
Den Hund von etwas Essbarem abzurufen, kann eine weitere Variante sein. Beim Spaziergang liegt immer allerlei herum und hier sollte der Hund für das Kommen dann eben auch mit Futter belohnt werden. Dies stellt natürlich eine hohe Anforderung für Hund und Besitzer dar. Deswegen empfehlen wir Ihnen hier als sofortige Belohnung den Jackpot, d.h. eine ganze Hand voll besonders attraktiver Leckerchen! Martin Pietralla hat in seinem Buch „Clickertraining" (siehe Literaturempfehlungen) auf die hervorragende Wirkung des sog. Jackpots zur Belohnung in der Hundeerziehung hingewiesen. Wir können dies nur bestätigen. Gelingt es Ihnen, Ihren Vierbeiner in einer besonders schwierigen Situation abzurufen, sollten Sie den Jackpot im Auge behalten, also immer entsprechend ausgerüstet sein.

Abrufen aus dem Spiel

Eine weitere anspruchsvolle Übung stellt das Heranrufen aus dem freien Spiel mit anderen Hunden dar. Man benötigt hierfür einige Hundefreunde mit sozial verträglichen Vierbeinern.

Kommen aus schwierigen Situationen

Voraussetzungen und Hilfsmittel	Für die Belohnung muss man sich allerdings schon etwas Besonderes einfallen lassen. Denkbar wäre das Lieblingsspielzeug des Hundes oder eben der bereits erwähnte Jackpot.
Sicherheitshinweis	An dieser Stelle ein Sicherheitshinweis: Auf dieses Wagnis sollten Sie sich nur einlassen, wenn Sie die anderen Hunde gut kennen und wissen, dass es nicht zu Raufereien kommt, sobald Sie den Ball des Hundes werfen oder Ihre Leckerchen auspacken. Es gibt viele Hunde, die Nahrungsressourcen oder Spielzeug Artgenossen gegenüber massiv verteidigen. Wenn der eigene Hund dieses Verhalten zeigt, ist es nicht in Ordnung, mit dem Hinweis: „Der ist eben eifersüchtig" aggressives Verhalten zu ignorieren und dies den anderen Hunden und ihren Menschen zuzumuten. Auch die Hunde der anderen Besitzer sollten sich diesbezüglich neutral verhalten.

Abrufen vom Futternapf

Übungsorte	Eine Übung zum Heranrufen, die allein geübt werden kann, ist das Abrufen vom Futternapf oder von eigens deponierten Knochen o.Ä. Dies kann in der Wohnung, im Garten oder auf dem Spaziergang geübt werden.
Anleitung	Viele Hundebesitzer praktizieren mit ihren Vierbeinern das beliebte **SITZ** vor dem Futternapf. Der Hund muss dann so lange warten, bis er vom Besitzer das Hörzeichen **NIMMS** oder **LAUF** erhält.

Erziehungsübungen für Fortgeschrittene

Ruhig wartet der Hund vor dem Futternapf, bis er das erlösende Hörzeichen Lauf erhält.

Es geht relativ schnell, bis dies dem Hund in Fleisch und Blut übergegangen ist und er sich dann von selbst in Warteposition begibt. Um so erstaunter ist der Blick der Hunde dann oft, wenn man hier variiert und anstelle des gewohnten und bekannten **LAUF** für den vor dem Napf sitzenden Hund das Hörzeichen **HIERHER** oder **KOMM** verwendet.

Zu Beginn sollte die Entfernung zwischen Mensch und sitzendem Hund beim Abrufen vom Futternapf nicht zu groß sein. Zwei bis drei Meter sind völlig ausreichend. Nach einiger Zeit kann die Entfernung dann größer bemessen werden. Bleiben Sie auch hier variabel. Verlangen Sie mal **HIER**, dann erlauben Sie mal wieder, direkt aus dem **SITZ** an den Futternapf zu laufen, oder verlangen statt **SITZ PLATZ** vor dem Futternapf.

Die Belohnung ist bei dieser Übung immer das **LAUF** und die Futteraufnahme aus dem Napf.

Bei nervösen Hunden, deren Aufregung sich vor dem Fressen sehr steigert, sollten Sie diese Übung nur selten durchführen. Bei sehr gehorsamen und wohlerzogenen Hunden kann man noch eine Stufe weitergehen: Während der Hund frisst, wird er vom Napf abgerufen. Diese Übung ist sicherlich für einige Hunde zu stressig. Nur wenn Sie einen sehr nervenfesten Hund Ihr eigen nennen, können Sie sich an diese Übung wagen, doch auch dann nicht öfter als alle paar Wochen ein Mal. Der Hund sollte gut gehorchen und dies in allen möglichen Situationen unter Beweis stellen, jedoch keinesfalls neurotisch werden, weil er ständig beim Fressen gestört wird. Auch hier besteht die Belohnung darin, dass der Hund schließlich mit **LAUF** wieder an den Futternapf gehen darf.

Varianten auf dem Spaziergang

Auf dem Spaziergang können Sie das Abrufen vom Futter ebenfalls üben. Entweder so, wie oben beschrieben, oder Sie helfen dem Zufall nach und lassen unauffällig ein Schweineohr o.Ä. fallen. Sicherheitshalber kann man diese Verleitung noch in eine kleine Tüte einpacken. Zu schwer sollte das Ganze nämlich auch nicht sein, deswegen sind zu kleine Leckerchen oder Hundekuchen, die der Hund blitzschnell herunterschlucken kann, für diese Übung nicht das Richtige. Denken Sie daran, dass die Belohnung nun wirklich grandios ausfallen muss. Es geht ja nicht darum, den Hund zu schikanieren, sondern darum, ihn für so kooperatives Verhalten entsprechend zu belohnen. Viele Hunde sind gar nicht so extrem verfressen, doch auch für diese Kandidaten sind die genannten Übungen geeignet.

Abrufen durch eine Gasse aus Hundekeksen – eine wirklich schwierige Übung.

Abrufen durch die Futtergasse

Anleitung

Eine sehr interessante Variante ist das Abrufen durch eine Futtergasse hindurch. Dies könnte folgendermaßen aussehen: Ihr Hund befindet sich im **PLATZ**. Sie entfernen sich mehrere Meter von ihm weg und verlieren auf dem Weg mehrere Leckerchen.

Auf Ihr Hörzeichen **HIER** sollte der Hund natürlich auf dem schnellsten Weg zu Ihnen kommen und nach einem kurzen **BLEIB** dann die Leckerchen aufsammeln dürfen. Dies ist eine sehr anspruchsvolle Übung und niemand braucht frustriert zu sein, weil sie ihm mit seinem Vierbeiner nicht gelingt. Man kann als Variante auch ein Spielzeug „verlieren", den Hund in der beschriebenen Weise abrufen und zur Belohnung mit **LAUF** an sein Spielzeug lassen.

PLATZ AUF ENTFERNUNG

Das Hörzeichen **PLATZ** bietet ebenfalls viele Möglichkeiten zur Variation und zur Übung. **PLATZ** auf Entfernung ist nicht nur praktisch im Alltag, sondern bietet dem Hundefreund auch jede Menge Möglichkeiten, abwechslungsreich zu trainieren.

Lernziel	Der Hund legt sich auf Hör-, Sicht- oder Pfeifsignal auch in Distanz zum Menschen sofort hin.
Voraussetzungen und Hilfsmittel	Voraussetzung ist natürlich, dass der Hund das Hörzeichen **PLATZ** prinzipiell zuverlässig befolgt und sich darüber im Klaren ist, dass nur der Mensch dieses Hörzeichen wieder aufhebt.

Zuverlässiges Platz auf kurze Distanz ist der erste Schritt.

Platz auf Entfernung 15

Anleitung

Schritt 1:
Üben an der 2- bis 3-Meter-Leine

Sorgfältiges Herangehen ist hier sehr wichtig. Zunächst sollte man an einer ca. 2 bis 3 Meter langen Leine üben. Denken Sie immer daran: Keineswegs möchten wir Hörzeichen vergeblich geben und dem Hund damit die Möglichkeit bieten, uns zu ignorieren. Mit unserer Leine begeben wir uns entweder in unseren Garten oder auf eine ruhige Wiese. Die Ablenkung sollte zunächst nur gering bis mittel sein, sprich lediglich Ablenkung durch Gerüche oder visuelle Reize in der Ferne. Aus heiterem Himmel geben wir nun dem Hund das Hörzeichen **PLATZ**. Hier ist es besonders wichtig, auf die richtige Körpersprache zu achten. Füllen Sie den Raum zum Hund mit Ihrem Körper aus und beugen Sie sich mit deutlichem Sichtzeichen zu ihm hinunter. Auf Ihr **LAUF** sollte wiederum eine möglichst variable Belohnung erfolgen, werfen Sie dem Hund ein Leckerchen, rennen Sie kurz mit ihm o.Ä. Sobald der Hund sich an der kürzeren Leine prompt hinlegt, sollten Sie die Ablenkung steigern, erst dann empfiehlt es sich, auf eine längere Leine umzusteigen.

TIPP
Probieren Sie auch einmal aus, zur Belohnung ein Stückchen mit dem Hund zu rennen, möglichst mit großem Juchhu! Den meisten bewegungsfreudigen Hunden macht dies viel Spaß!

Schritt 2:
Üben an der 5-Meter-Leine

Arbeiten Sie nun an einer 5-Meter-Leine. Achten Sie dabei immer noch auf Ihre korrekte Körpersprache und darauf, deutliche Sichtzeichen zu geben.

Erziehungsübungen für Fortgeschrittene

> **UND IHR HUND SIEHT SIE DOCH!**
> Viele unserer Kunden reagieren auf den Hinweis, mit Sichtzeichen zu arbeiten, mit der Aussage, der Hund sehe sie doch sowieso gerade nicht, oder sie bemühen sich oft sehr artistisch, sich um den Hund herumzubiegen, damit dieser sie auch sehen kann.
> Dazu lässt sich Folgendes sagen:
> Das Blickfeld von Hunden ist äußerst weit: Nach heutigen Erkenntnissen kann man von ca. 240 bis 270° ausgehen. Das bedeutet, dass der Hund den Menschen in seiner Bewegung sehr wohl wahrnimmt, auch wenn dieser sich hinter ihm befindet. Alle Agilitysportler mit Hunden, die auf Distanz zu ihren Besitzern arbeiten, können davon ein schönes Liedchen singen, da man gerade hier die eigene Körpersprache extrem vorausschauend einsetzen muss, um dem Hund keine falsche Richtung vorzugeben.

Sobald Sie an der längeren Leine arbeiten, können Sie in der Regel Ihre Körpersprache etwas abbauen und müssen sich nicht mehr ganz zu Boden beugen. Auch an der 5-Meter-Leine sollte die Ablenkung nur ganz allmählich gesteigert werden. Oberste Prämisse sollte immer sein: Der Hund reagiert sofort auf das erste Hör- und Sichtzeichen. Dann kann man sowohl die Ablenkung als auch die Länge der Leine steigern, nach der 5-Meter-Leine kann die 10-Meter-Schleppleine hinzugezogen werden, der Aufbau bleibt derselbe.

Lassen Sie sich Zeit! Zwar ist es schön, wenn der Hund sich auf 10 Meter Entfernung hinlegt, sobald Ihr Hörzeichen ertönt, doch ist die Übung nicht mehr ganz so produktiv, wenn Sie den Hund viermal dazu auffordern müssen. Schrittweise herangeführt, befolgt der Hund **PLATZ** auf Entfernung bei entsprechendem Fleiß recht schnell.

Zur Unterstützung kann das **PLATZ** auf Entfernung auch aus dem **SITZ** heraus geübt werden.

Schritt 3: Übungsaufbau aus dem **SITZ**

Der Hund beherrscht selbstverständlich schon **SITZ** und **BLEIB**. Zunächst entfernen wir uns nur 1 bis 2 Meter vom Hund und vergrößern diese Entfernung erst, wenn er das

PLATZ auch unter größerer Ablenkung beim ersten Hörzeichen befolgt.

Fehler vermeiden

Viele Hunde neigen dazu, aus dem **SITZ** aufzustehen und auf ihren Menschen zuzulaufen, um sich dann direkt zu dessen Füßen zu legen. Unser Lernziel lautet jedoch, dass der Hund sich genau dahin legen soll, wo er sich befindet, wenn unser Hörzeichen ertönt. Auch hier sollten Sie sich wie oben beschrieben dem Hund zunächst so weit entgegenbeugen, dass er einfach keinen Platz mehr hat, um Ihnen entgegenzulaufen. So lernt er sehr schnell, dass er sich an Ort und Stelle niederlassen soll.

Sobald er keinen Versuch mehr unternimmt, auf Sie zuzulaufen, können Sie davon ausgehen, dass er begriffen hat, was Sache ist, und können Ihre Körpersprache etwas zurücknehmen.

Viele Besitzer sprechen bei dieser Übung den Hund zunächst mit seinem Namen an, was für diesen natürlich oft das Signal bedeutet, zum Besitzer zu laufen. Darauf sollten Sie verzichten und sofort **PLATZ** verlangen, so machen Sie dem Hund diese Übung etwas leichter.

Platz aus der Bewegung. Beim nächsten Übungsschritt soll sich der Hund aus dem Laufen heraus sofort hinlegen.

Erziehungsübungen für Fortgeschrittene

Falls Ihr Hund doch einmal versucht, Ihnen entgegenzulaufen (wahrscheinlich sind Sie zu schnell vorgegangen!), versuchen Sie nicht, ihn durch mehrmaliges Verwenden des Hörzeichens doch noch ins **PLATZ** zu bekommen. Laufen Sie ihm schnell und mit leicht drohend vorgebeugtem Oberkörper sowie Sichtzeichen entgegen. Dies veranlasst die meisten Hunde, Ihnen nicht weiter entgegenzulaufen, sondern sich hinzulegen. Verringern Sie bei den anschließenden Übungen wieder die Entfernung zum Hund.

Sie können diese Übung natürlich analog ebenso für das Hörzeichen **SITZ** eintrainieren. Die Vorgehensweise ist hier prinzipiell dieselbe. Anfänglich mit geringer Distanz, viel Körpersprache plus Sichtzeichen und Leine arbeiten!

So führen Sie ein Pfeifsignal ein: Pfeifen Sie und geben Sie gleichzeitig das Sichtzeichen für Platz.

Platz auf Entfernung 19

Schritt 4:
Pfeifsignal
einführen

Sobald Ihr Hund die Übung gut beherrscht, können Sie auch ein Pfeifsignal einführen. Dies ist gerade auf große Distanzen sehr praktisch, weil ein Pfiff natürlich weiter trägt und besser zu hören ist. Wir verwenden hierfür meist eine doppeltönige Pfeife, die sowohl einen „glatten" als auch einen „Triller-Pfiff" anbietet. Hunde verstehen dieses zusätzliche Signal sehr schnell, wenn Sie wie folgt vorgehen:
Ihr Hund steht oder sitzt vor Ihnen, Sie geben gleichzeitig das Sichtzeichen für **PLATZ** und pfeifen dazu. Viele Hundehalter verwenden dabei für den **PLATZ**-Pfiff den „Triller".
Belohnung nicht vergessen! Wenn Sie schon vorher ein gutes und zuverlässiges **PLATZ** auf Entfernung eingeübt haben, können Sie sehr schnell die Abstände zum Hund vergrößern.

SITZ UND PLATZ MIT GROSSER ABLENKUNG

Lernziel

Der Hund lernt, **SITZ** und **PLATZ** immer und überall zu befolgen, auch unabhängig von großen Ablenkungsreizen.

Voraussetzungen und Hilfsmittel

Auch hier ist zunächst die Voraussetzung, dass Ihr Vierbeiner die Hörzeichen kennt und zuverlässig befolgt, zumindest unter mittlerer Ablenkung.

Einen weiteren Hinweis möchten wir Ihnen zunächst noch mit auf den Weg geben. **SITZ** und **BLEIB** ist eine anstrengende Sache, und Sie sollten Ihren Hund hier nicht überstrapazieren: Lassen Sie den Hund nicht minutenlang sitzen. Viele Hunde ermüdet dies zu stark. Bei **PLATZ** hingegen können Sie auch eine längere Zeitdauer erwarten.

Anleitung – Übungen im Haus

Variante 1: Vor dem Füttern

Zunächst gibt es noch vielfältige Möglichkeiten, **SITZ** bzw. **PLATZ** unter großer Ablenkung zu üben, ohne dass Sie überhaupt das Haus verlassen müssen. Bevor Sie das Futter des Hundes zubereiten, können Sie ihn auf seiner Decke ins **PLATZ** legen. Erst dann begeben Sie sich zum Futternapf, heben diesen auf und füllen ihn.

Es gibt verschiedene Varianten, Sitz und Platz zu üben.

Sitz und Platz mit großer Ablenkung

Viele Hunde stehen aufgeregt neben ihren Menschen, sobald diese den Napf füllen. Daher ist es nicht einfach, in dieser Situation das Hörzeichen **PLATZ** durchzusetzen. Wie lange Sie Ihren Hund dann liegen lassen, bis er mit **LAUF** an seinen Napf darf, können Sie selbst entscheiden. Natürlich sollte sich die Stelle, auf der der Hund abgelegt wird, nicht direkt neben dem Futternapf befinden.

Diese Übung hat noch einen weiteren Vorteil: Sie sind es, der klar und deutlich das Signal gibt, dass nun gefressen wird. So haben Sie nebenbei auch noch die Möglichkeit, bei einer für den Hund so wichtigen Sache wie der Nahrungsaufnahme zu agieren, während der Hund reagieren muss. Bevor Sie den Hund von seinem Platz zum Napf lassen, können Sie ihn auch noch mal zu sich rufen. Achten Sie bei dieser Übung darauf, dass der Hund nicht gerade aus dem **PLATZ** entlassen wird, wenn er jammert, da Sie sonst unerwünschtes Verhalten bestärken würden.

Variante 2: Aufbruch zum Spaziergang

Dieselbe Übung können Sie durchführen, bevor Sie sich zum Spaziergang begeben. Schicken Sie den Hund auf seine Decke, ziehen Sie sich in aller Ruhe an, nehmen Sie die Leine und rufen Sie den Hund erst dann zu sich, um ihn anzuleinen und das Haus zu verlassen.

Erziehungsübungen für Fortgeschrittene

Bei diesen beiden Übungen greifen Sie in Bereiche ein, die für den Hund i. A. sehr wichtig sind: Spaziergang plus Territoriumskontrolle und Nahrungsaufnahme. Einmal abgesehen davon, dass es für das Hörzeichen **PLATZ** eine gute Übungsmöglichkeit ist, ist dies Alltagserziehung par excellence. Es versteht sich, dass Sie diese Übungen nur durchführen sollten, wenn Sie auch genügend Zeit haben, den Hund zu kontrollieren und gegebenenfalls auch zu korrigieren.
Noch schwieriger ist es, den Hund ins **PLATZ** zu legen, wenn es an der Tür läutet. Auch hier ist Kontrolle natürlich unabdingbar. Die Belohnung sollte dann darin bestehen, dass der Hund den Gast begrüßen darf (nach Ihnen natürlich). Selbstverständlich erst, nachdem Sie ihm erlaubt haben aufzustehen.

Anleitung – Übungen außerhalb des Hauses

Variante 1: Spielzeug als Ablenkung

Außerhalb des Hauses bieten sich ebenfalls diverse Übungsmöglichkeiten. Nehmen Sie das Lieblingsspielzeug Ihres Hundes mit. Legen Sie ihn ins **PLATZ** und spielen Sie in einiger Entfernung vom Hund allein. Zunächst sollten Sie hierbei nicht zu sehr „aufdrehen". Diese Übung ist schwer für den Hund, und zu Beginn reicht es, seinen Ball o.Ä. dezent in 2 bis 3 Meter Entfernung hin und her zu kicken (bei sehr ballversessenen Hunden kann es sogar sein, dass Sie den Ball nur aus der Jackentasche ziehen können). Je zuverlässiger der

Sitz und Platz mit großer Ablenkung

Ein spielender Hund als Ablenkung.

Hund hierbei abliegt, desto stärker darf die Verleitung sein. Das Spielzeug wird mit der Zeit vom Menschen immer schneller und vor allem mit mehr Begeisterung bewegt, ohne dass der Hund aufstehen darf. Steht er dennoch auf, wird er ruhig, aber bestimmt korrigiert. Dem ruhigen Ablegen sollte nach dem Hörzeichen **LAUF** immer ein begeistertes Spiel mit dem Hund folgen.

Beim Hörzeichen **SITZ** ist diese Übung im Grunde noch schwieriger, weil es vielen Hunden interessanterweise schwerer fällt, sitzen als liegen zu bleiben. Wird diese Übung mit **SITZ** trainiert, so kann man, bevor der Hund dann aufstehen und zu seiner Belohnung darf, auch noch einmal kurz **PLATZ** verlangen.

Variante 2: Das Spielzeug wegwerfen

Für Hunde, die **PLATZ** schon auf einige Entfernung beherrschen, ergibt sich noch folgende Variante: Das Spielzeug oder der Hundekuchen wird in hohem Bogen möglichst weit weggeworfen. Der Hund befindet sich dabei im **PLATZ** oder **SITZ**. Mit **LAUF** wird er aus dem Hörzeichen entlassen. Direkt nachdem er einige Meter gelaufen ist, erfolgt ein weiteres Hörzeichen **PLATZ**. Dieses Ablegen sollte nur kurz sein, damit der Hund sofort zur Belohnung für die schnelle Befolgung des Hörzeichens mit **PLATZ** zum Objekt seiner Begierde entlassen werden kann.

> **TIPP**
> Bei Hunden, die über Spielzeug nicht zu motivieren sind, kann auch ein Hundekuchen verwendet werden, den der Mensch eine Zeitlang begeistert hochwirft und den der Hund zur Belohnung dann suchen darf.

Erziehungsübungen für Fortgeschrittene

Variante 3: PLATZ mit zwei Hunden

Haben Sie jemanden in Ihrem Bekannten- oder Freundeskreis, dessen Hund auf einem ähnlichen Erziehungsniveau ist wie der Ihre, so können Sie sich verabreden, folgende Übung gemeinsam durchzuführen:

Lassen Sie die Hunde miteinander spielen und verlangen gleichzeitig Hörzeichen **PLATZ**. Achten Sie darauf, dass dies zu Beginn nicht gerade in einem Moment der höchsten Spielfreude geschieht, sondern zu einem Zeitpunkt, zu dem die Hunde schon etwas ausgetobt sind. Eine sehr schwirige Übung! Bitte üben Sie aus Fairness Ihrem Hund gegenüber nur mit fremden Vierbeinern, die dieses Hörzeichen auch befolgen.

Variante 4: Ablenkung mit der Reizangel

Eine weitere Herausforderung kann das Training von **PLATZ** bzw. **SITZ** und **BLEIB** unter Zuhilfenahme einer sog. Reizangel sein. Diese können Sie ganz leicht selbst basteln: Ein langer Stock oder Besenstiel, an dessen Ende Sie eine Schnur befestigen, an deren Ende wiederum ein Hundekuchen oder ein Spielzeug gehängt werden kann.

Die Reizangel als Ablenkungsreiz.

Sitz und Platz mit großer Ablenkung

Zunächst wedeln Sie ein bisschen in einiger Entfernung vom Hund, der natürlich abgelegt ist, mit der Reizangel herum. Die Entfernung können Sie im Laufe der Zeit verringern. Auch diese Übung ist i.A. für den sitzenden Hund schwieriger durchzuführen als für den liegenden.

Für den Anfang ist es sicherlich leichter, wenn Sie eine Hilfsperson beauftragen, mit der Reizangel tätig zu werden. So können Sie direkt neben dem Hund bleiben und ihn gegebenenfalls korrigieren. Nochmals: Bei allen beschriebenen Übungen ist es von Bedeutung, den Hund sofort nach erfolgreicher Übung zu belohnen, und zwar genau mit der von Ihnen eingebauten Verleitung. Viele Hundefreunde verlangen **SITZ** oder **PLATZ** von ihrem Hund und lassen ihn dann aus den Augen, gehen beispielsweise in ein Geschäft, in den Keller o.Ä. Darauf sollten Sie verzichten, da der Hund sonst nicht korrigiert werden kann. Sie können sich hingegen durchaus ein Mal um die Ecke verstecken, nachdem Sie den Hund ins **PLATZ** gelegt haben, aber immer so, dass Sie ihn noch durch den Türspalt o.Ä. beobachten und korrigieren können.

Diese Übung ist für den sitzenden Hund noch schwieriger. Lassen Sie Ihren Hund deshalb nicht zu lange sitzen.

BEI FUSS OHNE LEINE

Brauchen Sie diese Übung wirklich?

Dieses erstrebenswerte Ziel ist nicht leicht zu erreichen. Es erfordert sehr viel Fleiß, geduldiges Üben und ein perfektes Timing. Überlegen Sie sich, ob Sie diese Übung wirklich benötigen. Sicher haben Sie schon einmal den „perfekten Hund" gesehen, der seinem Menschen selbst im dichtesten Gewühl der Fußgängerzone ohne Leine selbstständig folgt. Auch wenn hier bei jedem Hundebesitzer das Herz höher schlägt, sollten Sie Folgendes bedenken: Es gibt viele Menschen, die Angst vor Hunden haben. Für diese ist es ein sehr beängstigender Anblick, einen womöglich noch großen Hund frei laufend anzutreffen. Nicht zu unterschätzen ist auch die Unfallgefahr: Der wohlerzogenste Hund kann sich einmal erschrecken und bei einem Seitensprung auf der Straße landen, von den vielerorts geltenden Regelungen bezüglich Leinenzwang in Ortschaften einmal abgesehen. Wir können Ihnen auf keinen Fall empfehlen, Ihren Hund innerhalb von Ortschaften frei laufen zu lassen, egal wie gehorsam er ist.

Aber natürlich gibt es viele Gelegenheiten, bei denen ein frei **BEI FUSS** gehender Hund das Leben sehr erleichtert. Wie immer gibt es viele verschiedene Möglichkeiten, dieses Übungsziel zu erreichen. Und wie bei allen Übungen gilt auch hier: Beginnen Sie an der Leine und in ablenkungsfreier Umgebung.

Geizen Sie zu Beginn nicht mit Leckerchen.

LINKS ODER RECHTS?

Sicher haben Sie schon gehört, dass ein Hund links geführt werden muss. Die wenigsten Leute, die diese Ansicht vertreten, können auch begründen, warum dies so ist. Es handelt sich hier um einen der Uralt-Zöpfe der Hundeausbildung. Schneiden wir ihn ab! Diese Regelung stammt aus der Diensthundeausbildung und ist ca. 150 Jahre alt. Der Diensthundeführer sollte den Hund links führen, damit er die rechte Hand frei hat, um zur Waffe zu greifen. Sollten Sie also ohne Pistole spazieren gehen, dürfen Sie die Seite frei wählen. Besonders praktisch ist es, wenn Ihr Hund für jede Seite ein eigenes Kommando beherrscht. Leider ist es für die meisten Hundesportarten auch heute noch notwendig, dass Ihr Hund sich links hält. Sollten Sie also eine Sportkarriere planen, empfiehlt es sich, wirklich mit der linken Seite zu beginnen. Aber auch ein „rechtsläufiger" Hund kann später noch die andere Seite erlernen.

Erziehungsübungen für Fortgeschrittene

Anleitung: Die Leckerchen-Methode

Schritt 1: Schmackhafte Leckerchen verwenden

Beginnen Sie mit einem hungrigen Hund und möglichst schmackhaften Leckerchen. Diese dürfen ruhig aus Wurst oder kleinen Käsestückchen bestehen. Die Leckerchen sollten so klein sein, dass Ihr Hund sie mit einem Haps hinunterschlucken kann, ohne lange darauf herumkauen zu müssen. Dann nehmen Sie Ihren Hund an einer kurzen handlichen Leine auf die von Ihnen bevorzugte Seite. Falls dies die linke Seite ist, nehmen Sie die Leine ebenfalls in die linke Hand. In der rechten Hand haben Sie einige Leckerchen. Der übrige Leckerchen-Vorrat befindet sich in einer gut zugänglichen Tasche. Natürlich können Sie auch für die ersten Übungen ein Halti verwenden, wenn Sie dies bereits im Alltag einsetzen.

Eine dünne Schnur oder ein Bindfaden sind ein richtiges Hilfsmittel (S. 32).

Schritt 2:
Timing beachten

Damit Ihr Hund das Hörzeichen richtig verknüpft, dürfen Sie es auf keinen Fall im falschen Moment geben, beispielsweise dann, wenn Ihr Hund „vorprescht".

Halten Sie Ihrem Hund also ein Leckerchen vor die Nase und gehen Sie mit einem ermunternden **FUSS** los. Falls Sie sich dieses Hörzeichen für eine Sportkarriere vorbehalten möchten, können Sie beispielsweise **BEI** verwenden. Wann immer sich Ihr Hund jetzt in der richtigen Position befindet, d. h. er geht direkt neben Ihnen, ohne zu weit vorne oder zu weit hinten zu sein, ertönt Ihr begeistertes **FUSS,** und im gleichen Moment schieben Sie ihm ein Leckerchen zu.

Das kann bereits nach zwei Schritten der Fall sein. Bleiben Sie nicht stehen, um ihm das Leckerchen zu geben, sonst verknüpft er womöglich, dass Stehenbleiben das Ziel der Übung ist. Um eine richtige Verknüpfung beim Hund zu erreichen, müssen Sie schnell sein und ein gutes Timing besitzen. Nochmal: In dem Moment, in dem der Hund perfekt läuft, ertönt gleichzeitig Ihr Hörzeichen und der Hund bekommt ein Leckerchen.

So üben Sie Slalom.

Etwas einfacher wird es, wenn Sie das Clickertraining beherrschen. Falls Sie einen sehr kleinen Hund haben, kommen Sie eigentlich um das Clickertraining auch nicht herum, weil es sonst für Sie sehr mühselig wird, ständig gebückt zu laufen. Gehen Sie in diesem Fall nach dem Targetstick-Training (siehe Seite 44) vor!

Schritt 3: Wendungen und Kurven einbauen

Gehen Sie zu Beginn nur einige Schritte. Bei einem eifrigen Hund kann es durchaus so aussehen, dass er jeden zweiten und dritten Schritt Hörzeichen und Leckerchen erhält.

Gehen Sie nicht zu lange geradeaus, sondern bauen Sie viele Wendungen und Schlangenlinien ein. Falls Ihr Hund dazu neigt, stark vorzupreschen, sollten Sie viele Wendungen und Kurven von ihm weg laufen. Falls Ihr Hund also links läuft und vorprescht, biegen Sie im rechten Winkel nach rechts ab (bitte nicht zusätzlich noch rucken), locken Ihren Hund mit Stimme und Leckerchen wieder an Ihre Seite, um ihn dort sofort zu loben und zu belohnen.

Handelt es sich bei Ihrem Hund eher um ein phlegmatisches Tier, dann benötigen Sie besonders attraktive Leckerchen, einen ausgeschlafenen Hund und sehr viel gute Laune. Werden Sie nicht langsamer, um sich Ihrem Hund anzupassen. Im Gegenteil: Legen Sie immer wieder kleine Sprints ein, damit Ihr Hund nicht einschläft. Ganz wichtig ist es, von diesen Hunden nur kurze Übungen zu verlangen, um sie nicht noch mehr zu langweilen. Aber bleiben Sie realistisch: Von einem Neufundländer können Sie nicht den Eifer und die Konzentration eines Malinois erwarten.

**Schritt 4:
Langsam steigern**

Das weitere Training erfordert sehr viel Fingerspitzengefühl. Sie dürfen nur in minimalen Schritten die Anforderungen steigern. Das heißt, verringern Sie die Leckerchen-Gabe ganz langsam und verlängern Sie außerdem die Dauer Ihrer Übungseinheiten. Sie dürfen Ihren Hund weder überfordern noch langweilen. Erst sehr viel später wechseln Sie die Ablenkungsintensität des Übungsortes.

Dies erfordert von Ihnen sehr viel Selbstbeherrschung, da man natürlich geneigt ist, in einer kritischen Situation doch am Hund herumzurucken und **FUSS** zu schreien. In der Theorie ist Ihnen sicher klar, dass dies absolut kontraproduktiv ist. Wir wünschen Ihnen die Ausdauer, dies auch in der Praxis umzusetzen.

**Schritt 5:
Üben an der dünnen Leine**

Wenn Sie so weit sind, dass Ihr Hund bereits einige Minuten korrekt und aufmerksam **FUSS** läuft und Sie ihn nur noch alle paar Meter belohnen, können Sie zum nächsten Übungsschritt übergehen. Lassen Sie sich nicht verleiten, jetzt die Leine einfach abzunehmen, „um zu sehen, ob es klappt". Verwenden Sie statt dessen eine dünnere Leine oder gar einen Bindfaden, wenn Sie sich dies schon zutrauen. Achten Sie jetzt besonders darauf, dass die Leine nie gestrafft wird.

Ebenfalls eine gute Übung: Fuß durch eine enge Gasse.

Nun arbeiten Sie einige weitere Wochen daran, die Dauer der Konzentration zu erhöhen sowie die Leckerchen-Gabe zu verringern. Klappt auch dies, können Sie beginnen, langsam Ablenkungsreize einzuführen. Optimal ist es, wenn Sie eine kontrollierte Ablenkung benutzen können, beispielsweise einen weiteren Hundefreund, der sich am Rand einer stillen Wiese mit seinem Hund aufhält. Bevor Sie weitere Gedanken an die „Freifolge" verschwenden, trainieren Sie weiter an der Steigerung der Ablenkung. Angenommen, Sie können mit Ihrem Hund einige Minuten ein korrektes **FUSS** zeigen, obwohl ein Hundefreund einige Meter von Ihnen entfernt herumtobt, können Sie daran denken, am Weglassen der Leine zu arbeiten.

Schritt 6: Üben an einem Bindfaden

Verwenden Sie spätestens jetzt einen Bindfaden, den Sie bereits vor Beginn Ihrer Trainingseinheit am Halsband befestigen. Beginnen Sie die Übungen wie gewohnt mit einer zusätzlichen normalen Leine. Klappt es gut, nehmen Sie diese Leine ab. Hängen Sie sie sich um den Hals (achten Sie bitte in diesem Fall darauf, dass der Haken nicht ständig gegen den Kopf oder Hals Ihres Hundes schlägt) oder stecken Sie sie in die Tasche. Jetzt trägt Ihr Hund den bereits vorher befestigten Bindfaden und Sie üben wie gewohnt weiter.
Nach einigen Tagen halten Sie den Faden nicht mehr in der Hand, sondern befestigen ihn lose an Ihrer Hose. Nach einigen weiteren Übungstagen lassen Sie das Ende des Bindfadens hinterher schleifen bzw. locker über den Rücken des Hundes hängen. Jetzt können Sie erneut beginnen, die Abneigung zu steigern.
Sie sehen, all dies erfordert einen sehr hohen Übungsaufwand. Der Zeitaufwand ist nicht einmal so groß, da Sie jeden Tag höchstens einige Minuten trainieren sollten. Um in halbwegs akzeptabler Zeit zu einem zufrieden stellenden Ergebnis zu kommen, müssen Sie aber wirklich jeden Tag trainieren.

Erziehungsübungen für Fortgeschrittene

**Anleitung:
Die Spielzeug-
Methode**

Viele Hunde lassen sich besser über Spielzeug als über Leckerchen motivieren. Die Vorgehensweise ist fast identisch. Bei wirklich ballverrückten Hunden ist es meistens nicht möglich, das Spielzeug so zu halten, dass der Hund es immer sehen kann, da der Hund sonst aufdreht und nur noch Augen für das Spielzeug hat. Bei diesen temperamentvollen Kandidaten müssen Sie vorher eine ausgiebige Spielrunde einlegen.

Halten Sie das Spielzeug neben sich, so dass der Hund es nicht immer sehen kann. Ab und zu zeigen Sie es ihm (ab und zu bedeutet in den ersten Trainingseinheiten durchaus alle paar Schritte). In dem Moment, in dem er perfekt **FUSS** läuft, geben Sie ihn mit dem Hörzeichen **LAUF** frei und werfen das Spielzeug einige Schritte weg. Führen Sie den Hund links, dann werfen Sie das Spielzeug mehr nach rechts, damit Ihr Hund sozusagen einen „Rechtsdrall" (nämlich zu Ihnen hin) bekommt. Der weitere Aufbau ist dann mit der Leckerchen-Methode identisch. Die Spielzeug-Methode ist noch zeitaufwändiger (ein kurzes Spiel dauert natürlich länger, als ein Leckerchen zu geben), anstrengender und erfordert ein fast noch besseres Timing von Ihnen.

Ein perfektes Team!

DER REITBEGLEITHUND

Lernziel Der Hund läuft frei am Pferd während des Ausrittes mit.

Hilfsmittel und Voraussetzungen Nötig ist „nur", dass der Hund „am Boden" zuverlässig und sicher ohne Leine auch bei Wildkontakt und im Straßenverkehr gehorcht. Bevor dieses Ziel nicht erreicht ist, ist es unverantwortlich, den Hund beim Reiten frei mitlaufen zu lassen. Wir raten dringend davon ab, den Hund vom Pferd aus an der Leine zu führen. Die Verletzungsgefahr ist einfach für alle Beteiligten zu hoch. Müssen Sie wirklich einmal mit Pferd und Hund in dichten Verkehr, sollten Sie beide vom Boden aus führen.

Anleitung Eigentlich ist es nicht notwendig, eine spezielle Reitbegleithunde-Ausbildung zu absolvieren, lediglich einige Vorübungen sind notwendig.

Schritt 1: An Pferde gewöhnen Der Hund muss selbstverständlich an Pferde gewöhnt sein. Wenn dies noch nicht der Fall ist, sollten Sie Ihren Hund so oft wie möglich zu Pferden mitnehmen. Binden Sie ihn im Stall oder am Rand des Reitplatzes außerhalb der Reichweite der Pferdehufe an.
Erst dann gewöhnen Sie den Hund auf dem Reitplatz oder in der Reithalle daran, dass Pferde auch traben oder galoppieren. Dies ist auf einem gemeinsamen Spaziergang zunächst etwas schwierig und sollte daher zu Beginn besser unter kontrollierten Bedingungen stattfinden. Hierbei sollte der Hund sich ruhig verhalten: Verbieten Sie ihm, zu bellen oder aufgeregt hin und her zu springen. Sein Gehorsam sollte so gut sein, dass er ruhig abliegt.

Erziehungsübungen für Fortgeschrittene

Schritt 2: Spaziergänge mit Hund und Pferd

Gehen Sie dann möglichst häufig mit Pferd und Hund spazieren, beide zu Beginn aus Sicherheitsgründen besser angeleint. Geht dies ohne Probleme, können Sie den Hund frei laufend mitnehmen. Üben Sie jetzt alle notwendigen Hör- und Sichtzeichen mit Ihrem Hund. **KOMM**, **SITZ** und **FUSS** sollte Ihr Hund zuverlässig beherrschen.

Falls Sie mit dem Hund das Kommando **FUSS** traditionell auf der linken Seite eingeübt haben, können Sie ihn trotzdem am Pferd auf der rechten Seite führen. Entweder verwenden Sie hierfür ein neues Hörzeichen oder bleiben bei dem gewohnten **FUSS**. Nach einigen Wiederholungen versteht der Hund problemlos, dass **FUSS** am Boden links gehen, und am Pferd rechts gehen bedeutet.

Schritt 3: Übungen im Trab wiederholen

Wiederholen Sie alles einige Male im Trab (das Pferd wird immer noch geführt, noch nicht geritten). Vergessen Sie bitte auch nicht, Ihr Pferd an den herumspringenden Hund zu gewöhnen.

Schritt 4: Übungen beim Reiten

Nun können Sie alle Übungen zu Pferd wiederholen. Am sichersten geschieht dies natürlich die ersten Male auf dem eingezäunten Reitplatz oder einer Wiese. Falls Ihr Pferd von jemand anderem sicher als Handpferd geführt werden kann, ist auch dies eine gute Übungsmöglichkeit, damit Sie sich voll und ganz auf Ihren Hund konzentrieren können. Praktizieren Sie bei den ersten Ausritten häufige Richtungswechsel, damit Ihr Hund gut auf Sie achtet.

Falls Sie Konditionierungshilfsmittel wie Pfeife, Wurfkette, Disk oder Clicker verwenden, sollten Sie unbedingt Ihr Pferd vorher daran gewöhnen, am besten während es frisst.

So sind entspannte Ausritte möglich.

PFERDEBEGEGNUNGEN

Einige Übungszeit sollten Sie in die Nähe eines Reitstalles legen, um Pferdebegegnungen zu trainieren. Falls Ihr Hund Pferde überhaupt nicht oder nur aus der Entfernung auf der Weide kennt, empfiehlt es sich, direkt bei einem Reiterhof zu fragen, ob Sie einige Zeit neben dem Reitplatz zusehen dürfen. Natürlich sollte Ihr Hund hierbei angeleint sein. Falls er unsicher ist, ignorieren Sie ihn, um ihn in seiner Angst nicht zu bestätigen. Bellt Ihr Hund, müssen Sie dies natürlich sofort abstellen. Wichtig ist, dass der Hund auch einmal trabende oder galoppierende Pferde erlebt.

Wenn Sie in freier Natur Reitern begegnen, sollten Sie Ihren Hund natürlich sofort heranrufen. Entweder verlangen Sie dann **SITZ** oder **FUSS**, je nachdem was zuverlässiger funktioniert. Sicherheitshalber sollten Sie den Hund dabei festhalten oder an die kurze Leine nehmen.

> **EIN KLEINER TIPP AUS REITERSICHT**
> Viele Hundebesitzer weichen rücksichtsvoll vom Weg ab, um den Reiter vorbeizulassen. Dies ist natürlich nett gemeint, verunsichert aber viele Pferde. Ihnen ist der im Gebüsch stehende Mensch mit Hund unter Umständen sehr suspekt, sie fürchten sich oder scheuen gar. Bleiben Sie also besser am Wegrand stehen, den Hund angeleint im Sitz oder Platz neben sich, damit das Pferd Sie sehen kann. Ist der Weg zu schmal, dann muss der Reiter sich eben gedulden, bis Sie vorne weggehend eine breitere Stelle erreichen.

DIE TABUDECKE

Lernziel

Für gemeinsame Badeausflüge oder Picknicks ist es sehr praktisch, wenn Ihr Hund Ihre Decke nicht betritt.

Voraussetzungen und Hilfsmittel

Verwenden Sie für die ersten Übungen immer die gleiche Decke. Dies erleichtert Ihrem Hund das Lernen. Ihr Hund sollte das Hörzeichen **GEH WEG** (oder ein ähnliches mit der gleichen Bedeutung) sowie das Hörzeichen **NEIN** beherrschen.

Anleitung

Wie immer üben Sie zu Beginn in ablenkungsfreier Umgebung, das heißt entweder in der Wohnung, im Garten oder auf einer stillen Wiese.

Schritt 1: Ablenkungsreize ausschließen

Breiten Sie nun die Decke aus, ohne Ihren Hund dabei zu beachten. Viele Hunde sind nun sehr erfreut und möchten auf der Decke Platz nehmen. Schicken Sie ihn mit **NEIN** oder **GEH WEG** von der Decke runter. Notfalls helfen Sie ihm, indem Sie ihn von der Decke ziehen oder schupsen. Wichtig ist dabei, dass Sie Ihren Hund genau in dem Moment loben, indem er sich mit allen vier Pfoten von der Decke entfernt hat.

Die Tabudecke

Schritt 2:
Schwierigkeits-
grad steigern

- Setzen Sie sich auf die Decke und beschäftigen sich erst einmal mit etwas Uninteressantem (in den Augen Ihres Hundes), z.B. Lesen.
- Greifen Sie in Ihre Tasche, in der Sie normalerweise Ihre Leckerchen aufbewahren. Steuert Ihr Hund jetzt freudestrahlend auf Sie zu, schicken Sie ihn wieder von der Decke herunter.
- Kullern Sie ein Leckerchen auf der Decke umher.
- Packen Sie etwas Wohlriechendes zum Essen aus, z.B. ein Wurstbrot.
- Bei spielbegeisterten Hunden kann natürlich auch ein Spielzeug als Versuchung dienen.

Geh weg: Eine praktische Übung für den Alltag und gleichzeitig ein gutes Gehorsamstraining.

**Schritt 3:
Entfernen
Sie sich ein
paar Schritte**

Widersteht Ihr Hund all diesen Versuchungen, während Sie sich auf der Decke befinden, ist es an der Zeit, den nächsten Schwierigkeitsgrad einzuführen. Legen Sie einige Leckerchen oder Ähnliches auf die Decke und entfernen Sie sich ein paar Schritte. Passen Sie gut auf, dass Ihr Hund nicht an die Leckerchen herankommen kann. Es ist nicht erforderlich, dass Sie zu Beginn mehr als einige Schritte weggehen können.

Dieser Hund beherrscht die Übung bereits. Er läuft um die Decke herum.

**Schritt 4:
SITZ oder
PLATZ
verlangen**

Als Nächstes verlangen Sie von Ihrem Hund **SITZ** oder **PLATZ** (einige Schritte von der Decke entfernt) und begeben sich auf die andere Seite der Decke (ebenfalls einige Schritte entfernt). Rufen Sie jetzt Ihren Hund. Läuft er auf die Decke zu (mit der Absicht, diese zu überqueren), laufen Sie ihm schnell entgegen und signalisieren ihm mit Hör- und Sichtzeichen, dass er die Decke nicht betreten darf. Akzeptiert er dies (wahrscheinlich stoppt er und guckt Sie verwirrt an), laufen Sie zur Seite von der Decke herunter und rufen ihn erneut.

Wiederholen Sie diese Übung so oft, bis Ihr Hund auf dem Weg zu Ihnen um die Decke herumläuft.

Alternativ zu dem oben beschriebenen Weg können Sie Ihren Hund auch von einer Hilfsperson an der Leine führen lassen, die ihn um die Decke herumdirigiert. Natürlich sollten Sie all diese Übungen nicht in einem Zug durchführen, sondern auf mehrere Trainingseinheiten verteilen.

Die Tabudecke

Schritt 5:
An verschiedenen Orten üben

Vergessen Sie nicht, diese Übung an verschiedenen Orten zu wiederholen, damit Sie ortsgebundenes Lernen vermeiden. Wenn Sie so weit sind, dürfte es kein Problem mehr sein, auch andere Decken zu verwenden. Wichtig ist, dass Sie Ihrem Hund beim Ausbreiten der Decke (oder des Handtuchs) deutlich zu verstehen geben (z.B. mit **NEIN**), dass er diese Decke nicht betreten darf.

SPIELE UND TRICKS

- 43 EIN VERHALTEN FORMEN!
- 44 „KLASSISCHES" TARGETSTICK-TRAINING
- 48 BELLEN / ZÄHLEN
- 51 ROLLE
- 53 SICH SCHÄMEN
- 55 ZICKZACK DURCH DIE BEINE
- 58 SPRÜNGE ÜBER HINDERNISSE
- 60 SPRUNG DURCH DEN REIFEN
- 62 SPRUNG DURCH PAPIER
- 66 SPRUNG DURCH DIE ARME
- 67 SPRUNG IN DIE ARME
- 69 DAS FLIEGENDE LECKERCHEN
- 71 VORTRAG HALTEN ODER BETEN
- 74 „BLAUER FLECK"
- 78 SPIELZEUG AUFRÄUMEN
- 81 TOTER HUND
- 82 SPANISCHER SCHRITT
- 84 AUF DEM BALL BALANCIEREN

EIN VERHALTEN FORMEN!

Bei allen anspruchsvolleren Tricks und Übungen müssen Sie sich darüber im Klaren sein, dass Sie das gewünschte Verhalten des Hundes in den seltensten Fällen „auf einmal" hervorrufen können.

Viel sinnvoller ist es, das Verhalten zu formen. Bei den meisten Übungen beginnt man mit allerkleinsten Schritten und bestärkt schon Ansätze in die richtige Richtung. Falls Sie nicht mit dem Clickertraining vertraut sind, dann sollten Sie ein eindeutiges Wort verwenden, um Ihrem Hund klarzumachen, dass er auf dem richtigen Weg ist. Möglich ist z.B. ein freudiges **JA** oder **GUT**. Darauf muss natürlich immer ein Lob und eine Belohnung folgen. Praktisch ist es auch, wenn Sie Ihrem Hund sagen können, dass er einen falschen Versuch gemacht hat. Hier bietet sich ein neutrales **FALSCH** an.

Bitte verwenden Sie nicht **NEIN**, da dies im Alltag sicher schon negativ besetzt ist. **NEIN** sollten Sie nur für Aktionen verwenden, die Ihr Hund grundsätzlich unterlassen soll. Besetzen Sie das **FALSCH** also nicht negativ, sondern sagen Sie es in neutralem Tonfall, ein wenig enttäuscht vielleicht. Sobald der Hund ein Verhalten in die richtige Richtung zeigt (eventuell müssen Sie sich mit allerkleinsten Schritten zufriedengeben), quittieren Sie das mit **JA** oder **GUT**. Wenn das Verhalten öfter gezeigt wird, dann schrauben Sie die Anforderungen ein wenig höher. Erst ganz am Ende, wenn das Verhalten schon zuverlässig gezeigt wird, kommt ein Hör- und/oder Sichtzeichen hinzu. Am besten lässt sich das an einem Beispiel verdeutlichen:

Clicker gibt es in verschiedenen Farben.

DAS „KLASSISCHE" TARGETSTICK-TRAINING

Diese Übung stammt ebenfalls aus dem Clickertraining und ist eine ausgezeichnete Übung, um das Prinzip des Formens zu erlernen. Übrigens „das Erlernen" bezieht sich auf das des Menschen...

Lernziel

Der Hund soll mit der Nase das markierte Ende (oder die Kugel) des Targetsticks berühren. Er soll nicht hineinbeißen (damit er sich nicht verletzt) und nur das Ende des Stabes berühren. Daher stammt übrigens auch der Name, target=Ziel, stick=Stab, Stecken.

Voraussetzungen und Hilfsmittel

Der Targetstick ist einfach ein Stab (ein leichter Rundstab aus dem Baumarkt beispielsweise oder eine Fliegenklatsche), den der Hund mit der Nase berühren soll. Verwenden Sie einen Rundstab, dann sollten Sie das eine Ende des Stabes irgendwie deutlich markieren, z.B. mit einem bunten Klebeband umwickeln, anmalen oder eine Kugel (Pingpongball oder Kugel aus einer alten Computermaus) daraufsetzen.

Paula kann die Übung bereits sehr gut. Sie berührt den Targetstick sofort mit der Schnauze.

Das „Klassische" Targetstick-Training

Anleitung

Schritt 1:
Interesse wecken

Sie halten Ihrem Hund den Stab vor die Nase, er wird daran schnuppern, Sie rufen begeistert **JA** und belohnen Ihren Hund. Zeigt er gar kein Interesse, kann man den Stab auch mit Frolic einreiben (oder Wurst). Nach einigen Wiederholungen folgt unter Umständen eine längere Durststrecke. Ihr Hund starrt Sie erwartungsvoll an und ignoriert den Stab. Bleiben Sie geduldig, wedeln Sie ein wenig mit dem Stab vor seiner Nase herum und loben Sie fürstlich, wenn er auch nur in die Richtung des Stabes blickt.

Schritt 2:
Der Hund sieht den Stab an

Ihr Hund blickt nun wenigstens den Stab an. Belohnen Sie dies einige Male.

Schritt 3:
Das Formen

Jetzt kommt das Formen! Nun belohnen wir nicht mehr das bloße Anblicken, sondern erwarten, dass der Hund sich ein wenig dem Stab nähert, eventuell sogar schon berührt.
Bei manchen Hunden kann es durchaus 10 bis 20 Minuten dauern, bis „der Groschen fällt". Manche Hunde versuchen, durch ein besonders schönes und statuenhaftes **SITZ** zu ihrer Belohnung zu kommen. Gehen Sie rückwärts, ermuntern Sie Ihren Hund aufzustehen und zeigen ihm wieder den Stab. Sollte all dies nicht helfen, berühren Sie selbst mit dem Stabende seine Nase und belohnen dies mit einem Jackpot.

Spiele und Tricks

Legen Sie in diesem Stadium keinerlei Wert darauf, wo der Hund den Stab berührt, das ist derzeit völlig egal. Auch wenn er den Stab mit dem Maul umfasst, belohnen wir dies. Wenn es endlich so weit ist, dass Ihr Hund sich dem Stab nähert und ihn irgendwie berührt, werden die Anforderungen höher geschraubt.

> **ACHTUNG!**
> Verändern Sie nicht auf einmal zwei oder mehr Komponenten. Zur Erinnerung: Derzeit belohnen wir Berühren des Stabes, egal wo und wie.

Schritt 4: Berühren mit der Schnauze

Als nächstes Ziel möchten wir erreichen, dass der Hund nicht mehr hineinbeißt, sondern nur noch mit der Schnauze den Stab berührt. Wir ignorieren also alle „schlechten" Versuche (eventuell mit **FALSCH** quittieren, aber nur, wenn sich Ihr Hund nicht zu leicht entmutigen lässt) und belohnen nur noch Berührungen, kein Hineinbeißen mehr. Es ist egal, an welcher Stelle des Stabes! Ist dies geschafft, verfeinern wir weiter.

Schritt 5: Das Stabende berühren

Nun gilt es, das Ende des Stabes zu berühren. Falls Ihr Hund sehr eifrig ist, können Sie einfach alle Fehlversuche ignorieren. Lässt er sich dadurch zu schnell entmutigen, dann müssen Sie es ihm etwas leichter machen, indem Sie ihm die falsche Handlung (Berühren des Stabes an einer anderen Stelle) erschweren. Sie können beispielsweise den Stab so fassen, dass nur noch das Ende herausschaut.

Auch Vorrausschicken kann man mit dem Targetstick üben.

Das „Klassische" Targetstick-Training

Schritt 6:
Hörzeichen
einführen

Klappt das, können Sie den Stab immer weiter herausschauen lassen. Erst wenn dies zuverlässig ist und Sie den Stab in alle möglichen Richtungen halten können und der Hund ihm folgt, um ihn zu berühren, können Sie ein Hörzeichen einführen.

Dies war ein Beispiel für ein typisches „Shaping" (to shape= formen). Bei eingefleischten Clickerfans ist es verpönt, dem Hund zu helfen. Wir sehen allerdings keinen Grund, warum wir dies nicht tun sollten.

Sobald Ihr Hund das Berühren des Stabes gut kann, können Sie den Stab für alles Mögliche verwenden: **FUSS**-Training (besonders gut bei kleinen Hunden), Vorausschicken, den Hund auf etwas klettern lassen etc.

> **DER TEUFEL STECKT IM DETAIL**
> Unser Australian Shepherd Shean hat diese Übung vor einigen Jahren gelernt. Im Eifer meiner ersten Clickerübungen bin ich zu schnell vorgegangen und habe nicht sauber auf die einzelnen Details geachtet. Das Ergebnis war, dass Shean den Stab am unteren Ende (dem falschen) sanft mit dem Maul umfasste, so den ganzen Stab entlangfuhr und dann das Ende mit der Nase berührte. Dies hatte ich so einige Male bestärkt und bekam gar nicht schnell genug mit, dass er das so verstanden hatte. Es kostete ihn einige Frustration, bis er begriff, was ich wirklich wollte.

Vorsicht Falle!

BELLEN UND ZÄHLEN

Lernziel Der Hund bellt auf Sicht- und/oder Hörzeichen hin so lange, bis er das Signal zum Aufhören bekommt.

Voraussetzungen und Hilfsmittel Für diesen Trick brauchen Sie einen nicht zu „maulfaulen" Hund, Leckerchen oder Spielzeug.

Anleitung

Schritt 1: „Bell-Situation" herbeiführen

Wenn Sie möchten, dass Ihr Hund auf ein Zeichen hin bellt, benötigen Sie erst einmal eine Situation, in der Ihr Hund von sich aus Laut gibt. Während der Hund also bellt, feuern Sie ihn begeistert an und verwenden immer wieder Ihr neues Hörzeichen, zum Beispiel den Klassiker: **GIB LAUT**. Natürlich dürfen Sie dann eine Belohnung nicht vergessen. Wenn Ihr Hund nun aufhört zu bellen, um sich die

Belohnung zu holen, können Sie gleichzeitig das Hörzeichen **RUHIG** geben. Vielleicht gehört Ihr Hund aber zu den Stillen und bellt von sich aus fast nie. Hier müssen Sie mit ganz kleinen Schritten anfangen und schon ein leises Quietschen oder Winseln belohnen. Sie brauchen hier zur Motivation etwas, was Ihr Hund besonders gerne haben möchte: Ein besonders gutes Leckerchen oder ein äußerst begehrtes Spielzeug. Zeigen Sie es Ihrem Hund, ohne es ihm zu geben, und machen ihn ganz „heiß" darauf. Notfalls binden Sie ihn an und entfernen sich einige Schritte von ihm. Fordern Sie ihn jetzt auf, zu Ihnen zu kommen und sich seine Belohnung zu holen. Sobald er auch nur die Andeutung eines Tons von sich gibt, laufen Sie schnell zu ihm zurück und er bekommt seine Belohnung. Dies wiederholen Sie so lange, bis Ihr Hund begriffen hat, dass er durch seine Lautäußerungen an die erwünschte Belohnung kommt.

Falls der Hund besonders schön winseln kann, könnten Sie jetzt bereits ein Hörzeichen für dieses Verhalten etablieren.

Der Hund bellt hier aus „Verzweiflung", weil er nicht an sein heißgeliebtes Spielzeug kommt.

Schritt 2: Anforderungen erhöhen

Hat der Hund das Prinzip verstanden, schrauben Sie die Anforderungen ein wenig höher: Nun wird nicht mehr jeder kleine Ton belohnt, sondern nur noch die deutlicheren und längeren Lautäußerungen. Bei wirklich maulfaulen Hunden müssen Sie in kleinsten Schritten vorgehen. Erst wenn der Hund so bellt, wie Sie das möchten, führen Sie ein Hörzeichen ein.

Während der ganzen Prozedur können Sie immer gleichzeitig das Hörzeichen **RUHIG** üben. Belohnen Sie Ihren Hund für das Bellen (oder zu Beginn für das Winseln), und erst, wenn er sein Leckerchen kaut oder sein Spielzeug schnappt, geben Sie das Hörzeichen **RUHIG**. Auch dies wird wieder belohnt.

Schritt 3: Ihr Hund lernt „rechnen"

Wenn das ganze Spiel perfekt klappt und Ihr Hund nur auf das Hörzeichen hin (ohne weiteres anfeuern) bellt und auch wieder aufhört, können Sie zusätzliche versteckte Sichtzeichen einführen. Warum erst jetzt, bei allen anderen Übungen wird das Sichtzeichen doch immer gleich zu Beginn mit etabliert? Dies wäre natürlich auch bei diesem Trick möglich. Aber es ist sehr schwierig, den Hund glaubwürdig anzufeuern und gleichzeitig immer das gleiche kleine versteckte Sichtzeichen zu geben.
Wählen Sie ein Sichtzeichen, das für andere nicht sofort zu erkennen ist, und Sie werden viel Spaß haben mit Ihrem rechnenden Hund.
Zum Beispiel können Sie mit dem Zeigefinger wackeln. Ein weiteres kleines Signal benötigen Sie für das Aufhören, hier könnten Sie sich z.B. am Kopf kratzen.

Nun können Sie Ihrem Hund Rechenaufgaben stellen. Ist das Ergebnis der Rechenaufgabe z.B. die Zahl 5, so geben Sie zunächst das neue Sichtzeichen (fünfmal den Zeigefinger ein- und ausklappen), dann das bereits bekannte Hörzeichen und dann die Belohnung.

ROLLE

Lernziel Ihr Hund legt sich hin und rollt einmal um sich selbst, entweder auf Ihr Hör- oder auf Ihr Sichtzeichen.

Voraussetzungen und Hilfsmittel Sie benötigen Leckerchen und, falls Ihr Hund bereits das Targetstick-Training beherrscht, einen Targetstick. Ihr Hund kann **PLATZ**.

Auch die Fingeranzahl kann Signal für das Bellen werden.

Anleitung

Schritt 1: PLATZ als Startposition

Zuerst legen Sie Ihren Hund ins **PLATZ**. Dann drehen Sie ihn sanft auf die Seite. Wehrt sich Ihr Hund, nehmen Sie ein Leckerchen in die Hand und animieren ihn damit, während Sie ihn mit den Händen sanft niederdrücken. Den Kopf darf er oben lassen. Nun zeigen Sie ihm ein weiteres Leckerchen und führen es in einem Bogen von seiner Nase zu seinen Rippen hin. Er wird mit dem Kopf folgen, und wenn er sozusagen zu seinem Schwanz schaut, bekommt er das Leckerchen.

Schritt 2: Langsam steigern

Mit jeder Wiederholung führen Sie das Leckerchen immer weiter in Richtung Rücken, bevor er es bekommt. Manche Hunde rollen sich dann schon von alleine weiter. Gehört Ihr Hund nicht dazu, üben Sie so lange, bis er dem Leckerchen willig

Führen Sie das Leckerchen in einem Bogen von der Hundenase zu den Rippen.

folgt, und rollen ihn dann herum, indem Sie seine Beine in die Hand nehmen. Danach darf er sofort aufspringen. Sie loben ihn begeistert, und er bekommt noch ein Leckerchen.

Schritt 3: Hör- und Sichtzeichen einführen

An diesem Punkt können Sie ein Hand- und/oder Hörzeichen einführen. Sie geben das Zeichen und fangen mit der Übung an. Seien Sie geduldig. Es ist nicht nötig, dass der Hund gleich am ersten Tag die Rolle perfekt lernt, und schließlich geht es ja darum, ihn zu beschäftigen, und nicht um Perfektion. Besonders Fleißige können natürlich auch verschiedene Hör- oder Sichtzeichen für jede Richtung einüben.

SICH SCHÄMEN

Lernziel Ihr Hund hält sich die Pfote auf die Nase, als ob er sich die Augen zuhalten würde.

Voraussetzungen und Hilfsmittel Klebeband (Tesafilm o.ä., Haftnotizen), Leckerchen und eventuell Clicker. Ihr Hund darf auf den Klebepunkt nicht panisch reagieren.

Anleitung

Schritt 1: Klebeband anbringen

Nehmen Sie ein Stückchen Klebeband (3 bis 4 cm lang) oder gelbe Merkzettel und kleben Sie es zwei- bis dreimal auf Ihren Pulli (immer wieder abziehen), damit es nicht mehr so stark haftet. Dann kleben Sie es Ihrem Hund seitlich auf die Schnauze (nicht auf den Nasenspiegel!). Es soll gerade noch so haften bleiben, keinesfalls darf es noch so stark kleben,

Dieser Hund beherrscht das „Sich Schämen" schon perfekt.

dass es an den Haaren zieht. Halten Sie unbedingt Leckerchen bereit! Sobald Ihr Hund mit der Pfote versucht, das Klebeband abzustreifen, loben Sie ihn in den höchsten Tönen und stecken ihm das Leckerchen zu.

> **ACHTUNG!**
> Wird Ihr Hund panisch und hört trotz Lob und vorgehaltenen Leckerchen nicht auf, sich über die Schnauze zu streichen, nehmen Sie das Klebeband sofort ab und vergessen diese Übung!

Spiele und Tricks

Schritt 2: Häufig belohnen

Nimmt er das Leckerchen an, warten Sie einfach einen Moment. Ihm wird das Klebeband wieder einfallen und er wird erneut mit der Pfote über die Schnauze streichen. Nun sofort wieder loben und Leckerchen geben. Diese Übung wiederholen Sie einige Male (eventuell neues Klebeband verwenden). Am zweiten Tag können Sie ein Hör- und/oder Sichtzeichen (z.B. **SCHÄM DICH**) einbauen.

Anfangs belohnen Sie jeden „Durchgang".

ZICKZACK DURCH DIE BEINE

Lernziel

Der Hund läuft Slalom durch die Beine des Menschen, während dieser vorwärtsgeht.

Voraussetzungen und Hilfsmittel

Das Größenverhältnis zwischen Mensch und Hund muss stimmen: Der Hund muss natürlich so „klein" sein, dass er unter den Beinen des Menschen hindurchlaufen kann. Außerdem benötigen Sie Leckerchen oder das Lieblingsspielzeug Ihres Hundes.

Anleitung

Schritt 1: Mit Leckerchen oder Spielzeug locken

Beginnen Sie mit dem Hund direkt neben sich. Machen Sie einen großen Schritt (aber nur mit einem Bein) nach vorne, während der Hund neben Ihnen sitzt. Nun ermuntern Sie den Hund, unter Ihren Beinen hindurchzulaufen. Viele Hunde haben Hemmungen, dies zu tun. Geben Sie nicht auf, sondern locken Sie den Hund mit einem besonders guten Leckerchen oder einem Spielzeug hindurch. Verlangen Sie jetzt nicht sofort einen zweiten Durchgang, sondern belohnen Sie Ihren Hund direkt für den ersten richtigen Schritt.
Es ist nicht nötig, dass der Hund sich nun auf der anderen Seite neben Sie setzt, dies kann jedoch helfen, um bei übermotivierten Hunden etwas Ruhe in die Übung zu bringen Machen Sie jetzt mit dem anderen Bein einen weiteren großen Schritt nach vorne. Wieder locken Sie den Hund zwischen Ihren Beinen hindurch und belohnen ihn.

Spiele und Tricks

Dies können Sie jetzt mehrere Schritte lang wiederholen. Beginnen Sie jeden neuen Durchgang mit der Ausgangsstellung: Sie stehen und Ihr Hund sitzt neben Ihnen (während der Lernphase sollte der Hund immer auf der gleichen Seite sitzen, dies erleichtert dem Hund den Lernvorgang). Beherrscht der Hund diese Übung gut, können Sie auch von der anderen Seite beginnen.

Schritt 2: Hörzeichen einführen

Nach einigen Durchgängen wie oben beschrieben, können Sie ein Hörzeichen einführen. Wir verwenden für diese Übung das Kommando **WEAVE** (englisch: Weben). Falls Sie auch Agility trainieren, verwenden Sie bitte auf keinen Fall das gleiche Hörzeichen wie für den Agility-Slalom, damit Sie Ihren Hund nicht verwirren. Geben Sie das Hörzeichen während der Ausgangsstellung, kurz bevor Sie den ersten Schritt machen, und wiederholen es, während Sie den Hund durch Ihre Beine locken. Machen Sie zu Beginn übertrieben große Schritte, dann fällt es dem Hund leichter, diese Übung zu erlernen.

Nach einigen Durchgängen führen Sie ein Hörzeichen ein.

Zickzack durch die Beine

Mögliche Probleme beim Üben

Unsichere oder besonders unterwürfige Hunde wagen es manchmal nicht, zwischen den Beinen hindurchzugehen. Sie dürfen Ihren Hund keinesfalls zwingen! Beginnen Sie in diesen Fällen in der Wohnung kurz vor der Fütterungszeit. Bereiten Sie Ihrem Hund eine besonders schmackhafte Mahlzeit zu. Nun stellen Sie sich mit dem Napf in der Hand in den Türrahmen und lassen ihm nur einen Weg, um zu seinem Futter zu kommen: unter Ihren Beinen hindurch! Auch weniger ängstliche Kandidaten sollten Sie nicht durch zu schnelles Vorgehen überfordern: Belohnen Sie zu Beginn jeden einzelnen richtigen Durchgang.

SPRÜNGE ÜBER HINDERNISSE

Lernziel Der Hund springt über die Hindernisse, die Sie ihm anzeigen.

Voraussetzungen und Hilfsmittel Bevor Sie mit Ihrem Hund Sprünge trainieren, muss unbedingt gesichert sein, dass dies für den Hund ohne gesundheitliche Bedenken möglich ist. Beginnen Sie mit dem Sprungtraining keinesfalls, bevor der Hund ausgewachsen ist. In der Regel ist dies etwa ab dem 12. Lebensmonat der Fall. Hierbei handelt es sich aber um einen Durchschnittswert.
Je nach Rasse kann sich der Zeitpunkt um einige Monate nach vorne oder hinten verschieben. Am besten sprechen Sie mit Ihrem Tierarzt und lassen sich grünes Licht geben.

Ein perfekter Sprung aus der Startposition Sitz.

Auch wenn Ihr Hund erwachsen und gesund ist, sollten Sie zunächst mit ganz niedrigen Sprüngen beginnen. Wenn Ihnen keine professionellen Agility-Hindernisse zur Verfügung stehen, können Sie sich mit zwei gleich großen Kartons und einem Besenstiel ein einfaches Hindernis basteln. Auch für einen großen Hund reichen 10 bis 20 cm Höhe am Anfang völlig aus.

| | Sprünge über Hindernisse | 59 |

| Anleitung | Sie machen Ihrem Hund eine große Freude, wenn Sie mit ihm gemeinsam springen. Nach einigen Wiederholungen platzieren Sie den Hund auf einer Seite des Hindernisses in die **SITZ**-Position.
Hierzu ein genereller Hinweis: Bei allen Übungen, insbesondere aber bei den Sprungübungen, bei denen Ihr Hund in eine bestimmte Position gebracht werden soll, sollten Sie Folgendes bedenken: Der Hund muss womöglich zu Beginn häufig korrigiert werden, da er ja Blickkontakt zum Hindernis haben muss. Sofern Sie aus dem **SITZ** heraus starten, muss der Hund natürlich direkt auf das Sprunghindernis blicken. Bei der hier notwendigen Positionierung des Hundes sollten Sie ruhig und ohne Hektik vorgehen, damit der Hund nicht

bereits im Vorfeld die Lust verliert. Befolgt der Hund zwar das Hörzeichen **SITZ**, sitzt jedoch mit dem Rücken zum Sprung, positionieren Sie ihn mit den Hörzeichen **LAUF** und **SITZ** neu, oder versuchen den Hund dadurch über das Hindernis zu locken, dass Sie selbst darüber springen. Gerade zu Beginn bei der niedrigen Sprunghöhe klappt dies bereits nach einigen Wiederholungen problemlos. Im Laufe der Zeit begreift der Hund dann, dass die Sache besser funktioniert, wenn er gerade sitzend oder stehend vor dem Hindernis startet.

SPRUNG DURCH DEN REIFEN

Lernziel Der Hund springt durch einen Reifen.

Voraussetzungen und Hilfsmittel Voraussetzungen und Hilfsmittel
Der Hund kennt das Hörzeichen **HOPP**. Einen passenden Reifen bekommen Sie in Spielzeuggeschäften in verschiedenen Größen. Ein einfacher Plastikring oder Hula-Hupp-Reifen reicht völlig aus.

Anleitung

Schritt 1: Der Reifen steht auf dem Boden

Als Erstes stellen Sie den Reifen auf den Boden. Locken Sie Ihren Hund mit einem Leckerchen oder einem Spielzeug hindurch. Sparen Sie nicht mit Lob. Schimpfen Sie den Hund nicht, wenn er versucht, um den Reifen herumzulaufen. In diesem Fall, bekommt er weder Lob noch Belohnung. Wenn es gar nicht klappen will, benötigen Sie eine Hilfsperson, die den Hund festhält (am besten mit einer kurzen Leine) und ihm keinen anderen Weg als durch den Reifen hindurch ermöglicht.

Schritt 2: Reifen anheben

Sobald Ihr Hund zuverlässig seinen Weg durch den Reifen nimmt, können Sie den Reifen ein klein wenig vom Boden anheben. Wählen Sie jetzt am besten das Kommando **HOPP REIFEN** (an Stelle von **REIFEN** können Sie natürlich auch **DURCH** oder ein anderes Hörzeichen wählen). Sobald auch diese Übung mit einer Sprunghöhe von etwa 10 cm gut klappt (für sehr große Hunde können Sie auf ca. 20 cm erhöhen), können Sie das Hörzeichen auf **REIFEN** oder **DURCH** ändern.

Schritt 3: Kontrollübungen

Bevor Sie versuchen, die Höhe zu ändern, sollten Sie diese Übung sorgfältig weiter festigen. Folgende Variationen bzw. Kontrollübungen sind möglich:
- Entfernen Sie sich einige Schritte von Ihrem wartenden Hund, bevor er springen darf.

Sprung durch den Reifen

Noch steht der Reifen auf dem Boden. Blickkontakt durch den Reifen ist außerdem sehr hilfreich.

- Halten Sie hierbei den Reifen einmal rechts und einmal links neben sich.
- Jemand Anderes hält den Reifen für Sie, aber Sie geben das Hörzeichen.
- Positionieren Sie Ihren Hund in einem etwas ungünstigen Winkel, um zu springen (hierbei müssen Sie dem Hund aber genügend Anlauf geben, damit er noch springen kann).
- Erst wenn all dies gut klappt, können Sie dazu übergehen, die Sprunghöhe entscheidend zu verändern.

FÜR FORTGESCHRITTENE – DER SPRUNG DURCH PAPIER

Anleitung

Schritt 1:
An Flatterbänder gewöhnen

Für diesen spektakulären Trick gibt es einen ganz leichten Aufbau. Sie benötigen wieder Ihren Reifen und jede Menge Zeitungspapier. Reißen Sie das Zeitungspapier in schmale Streifen (ca. 3 bis 5 cm Breite). Nun befestigen Sie mit Klebeband am rechten und linken Rand des Reifens jeweils 1 bis 2 Bänder. Kleben Sie den Streifen nur am oberen Rand des Reifens fest. In der Mitte des Reifens ist nun noch jede Menge Platz für den Hund zum Durchspringen.

Lassen Sie den Hund jetzt einige Male mit **HOPP** durch den Reifen springen. Wenn Sie die vorhergehende Übung sorgfältig aufgebaut haben, dürfte dies keine Schwierigkeiten bereiten. Trotzdem sollten Sie diese einleitende Übung nicht auslassen, denn der Hund soll sich an die flatternden Papierstreifen gewöhnen.

Lassen Sie sich in diesem Stadium viel Zeit, damit Ihr Hund Selbstvertrauen bekommt.

Schritt 2:
Verkleinern der Öffnung

Bleibt Ihr Hund unbeeindruckt und springt wie gewohnt, verkleinern Sie die Öffnung des Reifens, indem Sie rechts und links einen weiteren Streifen Zeitungspapier hinzukleben. Wie schnell Sie weitere Zeitungsstreifen hinzufügen können, hängt von Ihrem Hund ab. Gehen Sie aber nicht zu schnell vor.

Für Fortgeschrittene – der Sprung durch Papier

Die ersten Probleme treten erfahrungsgemäß dann auf, wenn der Hund das Gefühl hat, dass er durch den schmalen Spalt in der Mitte des Reifens nicht mehr hindurchpasst. Ist dies der Fall, hilft es, den Reifen wieder auf dem Boden zu stellen und dem Hund zu zeigen, dass er die Zeitungsstreifen beim Durchgehen leicht mit seinem Körper zur Seite schieben kann. Klappt dies nicht, müssen Sie einige Streifen wieder wegnehmen, bis sich der Hund wieder völlig sicher fühlt.

Erwarten Sie nicht, dass all dies in einer einzigen Trainingseinheit eingeübt werden kann. Dieser Trick bedarf einer Menge Übung und viel Geduld.

Schritt 3: Übungsvariationen

Irgendwann ist es so weit: Ihr Hund springt durch den „Zeitungsstreifenflattervorhang". An dieser Stelle sollten Sie die Übungsvariationen aus der Basis der Übung „Sprung durch den Reifen" (siehe S. 61) wiederholen, um festzustellen, ob sich Ihr Hund auch bei dieser Übung völlig sicher fühlt. Erst dann gehen Sie zum nächsten Schritt über.

> **WICHTIG**
> - Bitte gehen Sie langsam vor und überfordern Sie den Hund nicht.
> - Achten Sie vor Beginn des Trainings darauf, dass Ihr Hund gelockert und warm ist (am besten durch ein kurzes Spiel).
> - Halten Sie jede Trainingseinheit kurz und beenden Sie sie mit einem fröhlichen Spiel.
> - Nur Hunde mit ausgesprochenen „Gummiball-Qualitäten" sollten mehr als 50 cm hoch springen.
> - Verzichten Sie darauf, den Reifen irgendwo zu befestigen. Falls Ihr Hund sich einmal verschätzt und hängenbleibt, kann er sich schwer verletzen, wenn der Reifen nicht nachgibt.

Spiele und Tricks

Schritt 4:
Streifen am unteren Reifenrand

Auch hier beginnen wir wieder von außen nach innen. Der Reifen ist immer noch mit den flatternden Zeitungsstreifen bespannt. Zusätzlich werden jetzt aber wieder die äußeren Streifen auch noch am unteren Rand des Reifen festgeklebt. Die Streifen sollten jetzt nicht breiter als 2 bis 3 cm sein, damit sie leicht einreißen.
Bei jeder Wiederholung des Sprunges können Sie jetzt 1 bis 2 Streifen mehr am unteren Rand festkleben. Führen Sie dies fort, bis Ihrem Hund erstmals der Widerstand beim Hindurchspringen rechts und links an seinem Körper bewusst wird.

Schritt 5:
Kontrollübungen wiederholen

Spätestens dann sollten Sie wieder Ihre Kontrollübungen wiederholen. Ab jetzt ist es besonders wichtig, dass Sie nur so langsam vorgehen, dass Ihrem Hund die Freude an dieser Übung erhalten bleibt und er in keiner Situation Angst bekommt. Können Sie alle Zeitungsstreifen am oberen und unteren Rand des Reifens festkleben und der Hund springt immer noch freudig hindurch, können Sie als nächsten Schritt die Streifen verbreitern.

Schritt 6:
Den Reifen bespannen

Wenn Sie bei sehr breiten Streifen angelangt sind (ca. 8 bis 10 cm), können Sie den ganzen Reifen mit einem großen Zeitungspapier bespannen. Ritzen Sie das Papier großzügig ein, damit es immer noch leicht einreißt, wenn Ihr Hund hindurchspringt. Die Länge und Anzahl der Ritzen wird nun allmählich verringert, bis Ihr Hund durch geschlossenes Papier springt.

Für Fortgeschrittene – der Sprung durch Papier 65

Bis hierher ist es ein weiter Weg.

TIPP
Falls Sie mit diesem großartigen Trick auftreten möchten, können Sie an Stelle des Zeitungspapiers Seidenpapier verwenden. Natürlich müssen Sie vorher einige der kostspieligen Seidenpapiere opfern, um Ihren Hund an die neuen Farben zu gewöhnen.

SPRUNG DURCH DIE ARME

Lernziel Die Arme des Menschen werden zu einem Ring geformt. Hier springt der Hund hindurch.

Voraussetzungen und Hilfsmittel Dieser Trick gelingt natürlich nur, wenn das Größenverhältnis zwischen Mensch-Hund auch stimmt. Schwierig wird es beispielsweise mit einem Bernhardiner und einem 1,50 Meter großen Frauchen.
Bevor Sie mit diesem Kunststück beginnen, sollte der Hund außerdem den Sprung durch den Reifen beherrschen.

Anleitung Sind die oben beschriebenen Voraussetzungen erfüllt, ist es eigentlich ganz einfach. Leichter geht es, wenn Sie eine Hilfsperson zur Verfügung haben, die mit ihren Armen einen Reifen formt. Die Hilfsperson sollte zunächst möglichst tief in die Hocke gehen. Nehmen Sie durch diesen „Reifen" Blickkontakt mit Ihrem Hund auf und rufen ihn mit dem gewohnten Hörzeichen hindurch.
Klappt es zuverlässig mit einer Hilfsperson, können Sie es selbst versuchen.

Variante Der Hund läuft von hinten kommend durch Ihre gespreizten Beine hindurch und springt zusätzlich noch durch Ihre Arme.

Sprung von hinten durch die Arme.

SPRUNG IN DIE ARME

Lernziel Der Hund springt in Ihre Arme.

Voraussetzungen Auch dieser Trick ist nur empfehlenswert, wenn Ihr Hund nicht zu schwer ist.
Wir übernehmen übrigens keine Gewähr dafür, dass Ihr Hund zukünftig regelmäßig auf dem Frühstückstisch thront. Aber im Ernst, bitte beachten Sie, dass insbesondere diese Übung lediglich mit einem sehr gut erzogenen Hund durchgeführt wird, dem prinzipiell klar ist, dass er ohne Aufforderung nicht am Menschen hochspringen soll.

Sprung durch Beine und Arme.

Anleitung

Schritt 1:
Setzen Sie sich auf einen Stuhl

Falls Ihr Hund sich nicht animieren lässt, an Ihnen hochzuspringen, hilft es, wenn Sie zu Beginn auf einem Stuhl sitzen. Bitte wählen Sie ein eindeutiges Hörzeichen, wie z.B. **JUMP**.

Schritt 2:
Langsam erhöhen

Klappt dies sitzend, können Sie es im Stehen versuchen. Falls sich Ihr Hund immer noch nicht traut, bis in Ihre Arme zu springen, müssen Sie einen nur wenig erhöhten Platz aufsuchen. Eventuell können Sie sich auf einen niedrigen Tisch setzen.

Funktioniert dies zuverlässig und der Hund hat eine ruhige Spring- und vor allem Landetechnik erlernt, können Sie nach und nach Ihre Position verändern bzw. erhöhen: Zunächst sitzend auf niedrigen und schließlich immer höheren Sitzgelegenheiten bis hin zum Stehen.

Sprung in die Arme.

DAS FLIEGENDE LECKERCHEN

Lernziel

Der Hund sitzt oder steht, Sie legen ihm ein Leckerchen auf die Nase, und er schleudert es erst auf Ihr Hörzeichen hin in die Luft und fängt es auf.

Voraussetzungen und Hilfsmittel

Dies ist ein Trick, der viel Selbstbeherrschung vom Hund verlangt und einen sehr guten Gehorsam voraussetzt. Um diesen schwierigen Trick erfolgreich zu vermitteln, müssen Sie in absoluten Minischritten vorgehen.

Wenn es wirklich gut klappen und Ihr Hund das Leckerchen in der Luft fangen soll, sollten Sie immer die gleichen Leckerchen verwenden. Jedes Leckerchen hat je nach Form und Größe seine eigene „Flugbahn". Gut geeignet sind etwas größere, runde Leckerchen, wie zum Beispiel Frolic oder Hundekekse. Diese dürfen nur so groß sein, dass sie auf dem Nasenrücken platziert werden können.

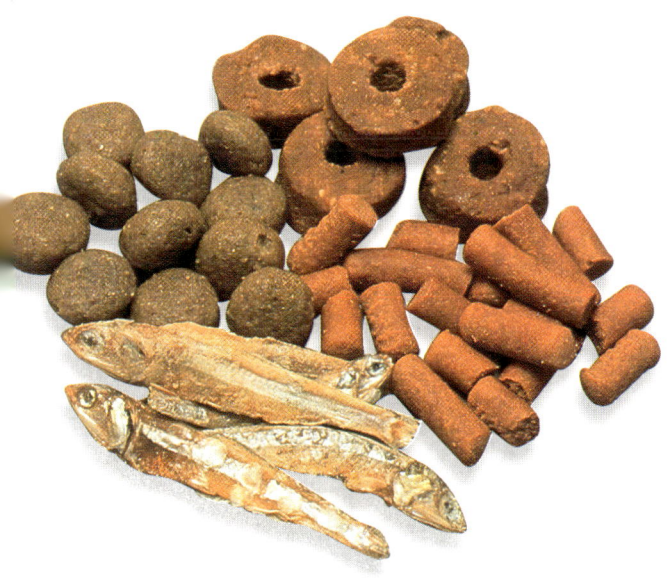

So liegt das Leckerchen richtig auf der Nase.

Spiele und Tricks

Anleitung

Schritt 1: Leckerchen positionieren

Setzen Sie sich vor den sitzenden Hund und halten seinen Kopf fest. Dies müssen Sie für den Hund so angenehm wie möglich gestalten. Die Dose mit den Leckerchen steht bereits neben Ihnen. Am besten umfassen Sie den Hundekopf von unten und streicheln mit der anderen Hand unter möglichst freundlichem Lob den Kopf des Hundes. Dann legen Sie das Leckerchen auf seinen Nasenrücken, sagen das Hörzeichen (z.B. **HOL'S**) und lassen seinen Kopf sofort los.
Es kommt zunächst nicht darauf an, dass der Hund das Leckerchen perfekt aus der Luft fängt. Dies kommt mit zunehmender Übung von alleine, auch wenn es immer wieder Hunde gibt, die einfach zu ungestüm oder zu ungeduldig für diesen Trick sind.

Schritt 2: Langsam steigern

Steigern Sie die Zeitspanne, in der das Leckerchen auf der Hundenase liegt und Sie die Schnauze des Hundes festhalten, langsam auf einige Sekunden. Zu Beginn sind 4 bis 6 Sekunden völlig ausreichend. Halten Sie die Schnauze sanft aber bestimmt fest und loben den Hund ausführlich dabei. Bei sehr verfressenen Hunden benötigt man etliche Übungseinheiten, bevor dies gelingt.

Schritt 3: Hände vorsichtig entfernen

Sobald der Hund einige Sekunden Ruhe hält, versuchen Sie vorsichtig, Ihre Hand ein paar Millimeter von der Schnauze zu entfernen, bevor Sie das Hörzeichen **HOL'S** geben. Seien Sie vorsichtig, damit der Hund nicht die Gelegenheit nutzt und das Leckerchen ohne Erlaubnis holt.

EINEN VORTRAG HALTEN ODER BETEN

Lernziel Ein witziges Kunststückchen ist es, den Hund „einen Vortrag" halten oder „beten" zu lassen.
Der Hund soll hierbei sitzend seine Vorderpfoten auf einen Stuhl oder Tisch (je nach Hundegröße) legen. Beim Beten kann der Hund zusätzlich seinen Kopf auf seine Pfoten legen.

Voraussetzungen und Hilfsmittel Sie brauchen einen Hocker, Stuhl oder Tisch, den der Hund mit den Pfoten berühren darf.
Praktisch – aber nicht unbedingte Voraussetzung – ist es, wenn der Hund schon den „blauen Fleck" (S. 74) oder das Targetstick-Training (S. 44) beherrscht.

Seien Sie nicht enttäuscht, wenn Ihr Hund das Leckerchen nicht auf der Nase behält. Versuchen Sie es doch einfach einmal mit Apportieren oder Suchspielen.

Spiele und Tricks

Anleitung zum „Vortrag"

Schritt 1:
SITZ und Pfote hoch

Lassen Sie Ihren Hund vor dem gewählten Hocker **SITZ** machen. Loben nicht vergessen! Auch wenn es Ihnen schon zu den Ohren herauskommt, loben kann „mensch" nie genug! Nun veranlassen Sie ihn mittels des blauen Flecks, eine Pfote hochzunehmen. Dies wird natürlich bestätigt!
Wenn Ihr Hund diese Übung noch nicht kann, dann nehmen Sie seine Pfote und legen sie selbst an die richtige Stelle. Geben Sie sich am Anfang mit einer Pfote zufrieden, Ihr Hund wird ansonsten womöglich zu stark verunsichert, wenn Sie ihm beide Pfoten wegziehen. Achten Sie nach einigen Wiederholungen darauf, dass das Hinterteil des Hundes unten (sitzend) bleibt.

Schritt 2:
Die zweite Pfote einfordern

Sobald Ihr Hund auf das Kommando hin die Pfote richtig hochnimmt, können Sie sanft die zweite Pfote einfordern. Dazu legen Sie den blauen Fleck zusätzlich hin oder nehmen die Pfote mit der Hand selbst hoch.
Möglicherweise kommt Ihr Hund jetzt auf die Idee, diese tolle Übung auch am Sofa oder am Esstisch zu wiederholen. Unterbinden Sie dies energisch und schicken Sie ihn weg. Oder legen Sie ihm ein zusätzliches Gedeck auf...

Anleitung zum „Beten"

Schritt 1:
In Betstellung locken

Sobald Ihr Hund die vorangegangene Übung beherrscht, können Sie zusätzlich noch das „Beten" einführen, entweder als Ziel der Übung oder als zusätzliches Hör- oder Sichtzeichen. Ihr Hund sitzt also in der Vortragsposition. Locken Sie ihn entweder mit dem Targetstick oder einem Leckerchen in die „Betstellung". Verlangen Sie noch nicht, dass er den Kopf unten behält! Sobald er nur für eine Sekunde die richtige Haltung eingenommen hat, loben und bestätigen Sie ihn.

Einen Vortrag halten oder Beten

Schritt 2: Langsam steigern

Erst nach und nach verlangen Sie, dass er immer länger aushält (den Click oder das Bestätigungswort und die Leckerchengabe langsam – sekundenweise steigern! – hinauszögern). Witzig wird es natürlich auch, wenn Ihr Hund jetzt auf Kommando noch bellt oder winselt!

DER „BLAUE FLECK"

Lernziel

Der „blaue Fleck" ist die Basis für alle möglichen netten Tricks. Schon das Einüben bringt eine Menge Spaß und verlangt viel Kopfarbeit vom Hund. Der Hund lernt dabei, einen kleinen blauen Fleck (Stoff, Plastikfolie etc.) mit einer Vorderpfote zu berühren.

Voraussetzungen und Hilfsmittel

Untersuchungen haben ergeben, dass Blau von Hunden besonders gut gesehen werden kann (ein blauer Ball wird wesentlich schneller im Gras gefunden als ein andersfarbiger). Es empfiehlt sich also, den „Fleck" Blau zu wählen.
Zu Beginn muss der „Fleck" relativ groß sein (ca. 30 bis 50 cm Kantenlänge), später wird er kleiner geschnitten. Das Material sollte sich also schneiden lassen und in genügender Menge vorhanden sein. Gut geeignet und billig sind blaue Müllsäcke!

Helfen Sie Ihrem Hund zu Beginn mit eindeutigen Sichtzeichen.

Der „Blaue Fleck" 75

Anleitung Schritt 1: Interesse wecken	Legen Sie den blauen Fleck unter großem Getöse – „Schau mal, was ich da habe! Uiii!" – auf den Boden und loben Sie Ihren Hund sofort, wenn er daran schnuppert (ein Clicker wäre für diese Übung ideal). Wenn Sie ohne Clicker arbeiten, dann rufen Sie bei jeder Annäherung Ihres Hundes an den „Fleck" ein begeistertes **JA**, loben ihn und geben ihm ein Leckerchen. Sobald Ihr Hund Interesse daran zeigt, loben Sie nur noch für das Betreten des Fleckes. Während dieser ganzen Zeit befinden Sie sich neben dem Fleck.
Schritt 2: Position ändern	Nun ändern Sie Ihre Position und entfernen sich schon ein kleines Stück. Verändern Sie noch nicht die Position des Flecks, das wäre zu früh. Falls Ihr Hund Ihnen penetrant folgt und nach dem Leckerchen bettelt, bleiben Sie hart. Er bekommt nichts! Eventuell können Sie auf den Fleck zeigen und ihn anfeuern, aber das Lob und die Belohnung bekommt er erst, wenn er auf den Fleck zuläuft oder gar darauftritt.

> **TIPP**
> Falls Ihr Hund immer elegant ausweicht, sollten Sie einen kompletten Müllsack verwenden und ihn im Türrahmen oder einer anderen Engstelle platzieren. Nun locken Sie Ihren Hund darüber und loben ihn. Sollte das immer noch nicht ausreichen, können Sie auch ein Leckerchen auf dem Sack deponieren.

Schritt 3: Verhalten formen

Im Laufe der Trainingseinheiten formen Sie sein Verhalten:

- Ihr Hund läuft zu dem blauen Fleck und tritt mit mindestens einer Pfote darauf. Haben Sie mit Ihrem Hund bereits ein Targetstick-Training absolviert (raten wir Ihnen übrigens, es ist eine ausgezeichnete Übung für den Anfang), wird er eventuell versuchen, ob er auch hier den Fleck mit der Nase berühren soll. Ignorieren Sie seine diesbezüglichen Versuche.
- Achten Sie darauf, ihn zu bestätigen, wenn seine Vorderpfoten den Fleck berühren.
- Kontrollieren Sie den Lernfortschritt, indem Sie die Position des Flecks leicht verändern.
- Verkleinern Sie den Fleck auf ca. 20 cm Kantenlänge.
- Bevor Sie den Fleck weiter verkleinern, variieren Sie den Ort, an dem der Fleck liegt.

- Wenn Sie so weit sind, dass Sie beispielsweise auf dem Sofa sitzen und der Fleck einige Schritte von Ihnen entfernt in einer Zimmerecke liegt, können Sie den Fleck verkleinern. Gehen Sie nicht zu schnell vor, sondern schneiden Sie immer nur einige Zentimeter weg.
- Nun müssen Sie sich überlegen, ob Ihr Hund den Fleck mit einer bestimmten Pfote berühren soll oder ob es Ihnen egal ist, welche Vorderpfote er benutzt. Falls Sie eine bestimmte Pfote möchten, müssen Sie ab sofort nur noch den Einsatz dieser Pfote bestärken. Das kostet allerdings erhebliche Zeit und frustriert Ihren Hund womöglich zu sehr.

- Jetzt schneiden Sie den Fleck immer kleiner, bis er nur ca. 5 cm Kantenlänge hat. Achten Sie darauf, dass Ihr Hund auch wirklich mit der Pfote darauf tappt, bevor Sie ihn loben.
- Nun können Sie auf ca. 2 bis 3 cm Kantenlänge verkleinern und ein Hörzeichen einführen. Sie können ruhig einen ganzen Satz verwenden, wenn Sie ihn immer gleich aussprechen können, beispielsweise **GEH ZUM FLECK**.

Schritt 4:
Einsatzmöglichkeiten

Jetzt können Sie den blauen Fleck für alles Mögliche benutzen: Zum Beispiel kann Ihr Hund das Licht an- und ausschalten, wenn Sie auf den Lichtschalter einen kleinen blauen Fleck kleben. Denken Sie bitte vorher an Ihre Tapete und kleben Sie für die ersten Übungen einen Schutz um den Lichtschalter herum (z.B. Pappkarton passend ausschneiden).

Klappt diese Übung, sollten Sie ein gesondertes Hörzeichen dafür einführen. Bei der Einführung neuer Hör- oder Sichtzeichen müssen Sie das neue Signal immer voranstellen. In diesem Fall beispielsweise: **CHARLY MACH DAS LICHT AN**, **GEH ZUM FLECK**. Wenn Sie dies oft genug wiederholen, reicht schließlich der erste neue Satz aus. Unter Umständen müssen Sie dies auch in anderen Räumen wiederholen, es ist nicht gesagt, dass Ihr Hund problemlos auf alle Räume und Lichtschalter generalisiert. Dies hat nichts damit zu tun, dass Ihr Hund möglicherweise dumm ist, sondern ist typisch Hund!

Eine weitere Einsatzmöglichkeit ist **SCHLIESS DIE TÜR** und **MACH DIE SCHUBLADE ZU**. Aber nur, wenn der Hund mit der Pfote an die Tür oder Schublade tappen kann, damit sie schließt. Allerdings müssen Sie bei dieser Übung mit Kratzern rechnen.

SPIELZEUG AUFRÄUMEN

Lernziel
Ihr Hund räumt sein umherliegendes Spielzeug selbst auf, indem er es in einen Korb o.Ä. fallen lässt.

Voraussetzungen und Hilfsmittel
Ihr Hund trägt bzw. apportiert gerne und lässt Spielzeug auf Befehl fallen. Natürlich brauchen Sie auch noch verschiedene Spielzeuge und eine Kiste oder einen Korb.

Anleitung

Schritt 1:
Sie stehen hinter der Spielzeugkiste

Legen Sie ein Spielzeug mitten im Raum auf den Boden, während Ihr Hund zusieht. Wenn er es sich gleich selbst holt, ist das in Ordnung. Ansonsten animieren Sie ihn, es sich zu nehmen. Achtung: Verwenden Sie besser nicht das gewohnte Hörzeichen fürs Apportieren, da Ihr Hund das Spielzeug ja später wegräumen soll und nicht zu Ihnen bringen soll. Außerdem soll er es fallen lassen und nicht in Ihre Hand geben.

Nun begeben Sie sich hinter die Kiste, so dass Ihr Hund nicht direkt zu Ihnen laufen kann, sondern die Kiste vor Ihnen steht. Rufen Sie Ihren Hund oder locken Sie ihn. Wenn er vor Ihnen steht mit dem Spielzeug im Maul, brauchen Sie nur noch das Hörzeichen **AUS** und das Spielzeug fällt in die Kiste. Mit Lob nicht sparen, auch wenn das Spielzeug daneben fällt.

Spielzeug aufräumen | 79

Variante: Locken mit dem Targetstick

Eine andere Möglichkeit ist es, den Hund mit dem Targetstick zur Kiste zu locken. Vorsicht, falls Ihr Hund vor Begeisterung beim Anblick des Targetsticks das Spielzeug sofort fallen lässt, müssen Sie eventuell neben der Kiste stehen und den Target versteckt halten, bis Ihr Hund bei Ihnen ist.

Etwas „Trickserei" am Anfang und der Hund verknüpft die Kiste bald als Ziel.

Spiele und Tricks

**Schritt 2:
Übung variieren**

Klappt dies, sollten Sie variieren. Schließlich denkt Ihr Hund im Moment womöglich, dass er das Spielzeug zu Ihnen bringen soll. Verändern Sie als Erstes Ihre Position an der Kiste. Das heißt nicht, dass Sie schon einen Meter entfernt stehen sollen, sondern eben nicht mehr hinter, sondern vielleicht schon ein klein wenig neben der Kiste. Gehen Sie langsam vor und überfordern Sie Ihren Hund nicht.

Hilfe, es klappt nicht!

Wenn Ihr Hund es gar nicht kapieren will, müssen Sie die Verhaltenskette eventuell anders aufziehen, d.h. von hinten. Sie üben also in dieser Reihenfolge:

- Der Hund steht vor Kiste und lässt das Spielzeug fallen. Geben Sie dem Hund das Spielzeug direkt vor der Kiste, dann verlangen Sie **AUS**.
- Der Hund steht einen Schritt weg von der Kiste.
- Der Hund befindet sich mehrere Schritte von der Kiste entfernt.
- Der Hund nimmt Spielzeug selbständig auf und läuft zur Kiste (4 bis 5 Schritte!).

TOTER HUND

Lernziel	Hund lässt sich aus dem Laufen fallen und legt sich wie tot auf die Seite.
Voraussetzungen und Hilfsmittel	Der Hund beherrscht die Übungen **SITZ**, **PLATZ** und **STEH**. Außerdem benötigen Sie Leckerchen als Belohnung.
Anleitung Schritt 1: PLATZ verlangen	Warten Sie einen Moment ab, in dem Ihr Hund sowieso entspannt und vielleicht müde ist. Verlangen Sie **PLATZ** (oder aber er liegt bereits). Nun legen Sie sanft seinen Kopf auf die Seite oder locken ihn mit einem Leckerchen, bis er liegt. Sobald der Hund aus dem Liegen anbietet, sich auf die Seite umzulegen, können Sie das Hör- und/oder Sichtzeichen einführen (beispielsweise **PENG** oder einen Schusslaut). Der Ablauf sieht also jetzt folgendermaßen aus: Ihr Hund liegt in der normalen Sphinx-Stellung. Sie sagen **PENG** und legen oder locken den Hund auf die Seite. Loben Sie Ihren Hund!
Schritt 2: Üben aus dem SITZ und STEH	Klappt dies gut, können Sie es aus dem **SITZ** heraus üben, später aus dem **STEH** und schließlich aus dem Laufen. Wenn Sie einen Hund möchten, der blitzartig „umfällt", dürfen Sie spätestens ab der Übungsphase aus dem **SITZ** heraus auch nur noch ein schnelles Umfallen belohnen. Es ist aber eigentlich genau so lustig, wenn der Hund langsam „getroffen" zu Boden sinkt. Bei Vorführungen kann man dann gut behaupten, nicht richtig getroffen zu haben ...

SPANISCHER SCHRITT

Lernziel	Der Hund hebt beim langsamen Vorwärtslaufen abwechselnd beide Vorderbeine übertrieben hoch und gerade nach vorne.
Voraussetzungen und Hilfsmittel	Der Hund kann bereits Pfote geben. Sie brauchen außerdem jede Menge Leckerchen und eventuell einen Targetstick.
Anleitung Schritt 1: Winken mit beiden Vorderpfoten	Üben Sie zunächst Winken auf Hörzeichen für beide Vorderbeine (beispielsweise erst Hörzeichen **PFOTE** und dann das Hörzeichen **ANDERES**). Die meisten Hunde bieten aus Verzweiflung bei der erneuten Aufforderung von sich aus das zweite Bein an.

Variante: Übung mit dem Targetstick	Alternativ können Sie auch ein Targetstick-Training machen, nur dass der Hund mit der Pfote und nicht mit der Nase den Stab berührt. Achtung: Entweder sehr sorgfältig mit einem gut unterscheidbaren Hörzeichen aufbauen oder (leichter für den Hund) einen anderen Stab verwenden, der sich deutlich unterscheidet. Beispielsweise eine Fliegenklatsche für die Nase und einen Holzstab für die Pfoten.

Spanischer Schritt   83

Schritt 2:
Üben aus dem
STEH

Klappt es mit beiden Beinen abwechselnd, wenn Sie vor dem Hund stehen, üben Sie aus dem **STEH** heraus. Die meisten Hunde haben damit schon Schwierigkeiten, also bleiben Sie geduldig.

Schritt 3:
Position
verändern

Erst wenn die vorherige Stufe klappt, dann können Sie Ihre Position langsam verändern, bis Sie neben Ihrem Hund stehen. Als zusätzliches Signal können Sie selbst Ihr Bein hochnehmen. Dies wird dann nach und nach zum alleinigen Signal für den „Spanischen Schritt".

Der Spanische Schritt – eine schöne Übung zum Vorführen.

AUF DEM BALL BALANCIEREN

Lernziel
Der Hund läuft balancierend auf einem großen Ball. Dieser Trick ist sehr übungsintensiv und nicht mit jedem Hund machbar, dafür ist das Ergebnis spektakulär.

Voraussetzungen und Hilfsmittel
Diese Übung gelingt am besten mit kleinen bis maximal mittelgroßen Hunden. Sie benötigen einen Ball, der der Größe des Hundes angepasst ist. Sitzbälle für Erwachsene können hier gute Dienste leisten. Pumpen Sie diese gut auf. Bei unsicheren und nervösen Hunden sollten Sie auf diesen Trick verzichten.

Anleitung

Schritt 1: Übung mit einer Hilfsperson

Entweder klemmen Sie den Ball zunächst so ein, dass er nicht wegrollen kann (beispielsweise zwischen Sofa und Couchtisch – schwierig!), oder eine zweite Person hält ihn fest. Heben Sie jetzt Ihren Hund auf den Ball. Lassen Sie ihn keinesfalls los, sondern halten Sie ihn sicher und fest und loben ihn ohne Unterbrechung. Für die ersten Male genügen wenige Sekunden völlig.
Wiederholen Sie dies mehrfach, achten Sie bei dieser schwierigen Übung aber streng darauf, dass der Hund nicht die Lust verliert. Wenn Ihr Hund sich auf dem Ball gar nicht wohl fühlt, kann es helfen, dass eine dritte Person Ihrem Hund auf dem Ball eine besonders schmackhafte Mahlzeit serviert.

Auf dem Ball balancieren

Keinesfalls dürfen Sie Ihren Hund loslassen, bevor er sich sicher und wohl auf dem Ball fühlt. Dies wird etliche Trainingseinheiten in Anspruch nehmen.

Übung mit einer Hilfsperson.

Schritt 2: Freies Stehen auf dem Ball

Der nächste Schritt besteht keineswegs darin, dass der Ball bereits in Bewegung gesetzt wird. Der Hund soll nun erst einmal frei auf dem Ball stehen, ohne dass er festgehalten wird. Dazu üben Sie jetzt, dass der Hund freiwillig hinauf und hinunter springt. Immer noch muss dabei der Ball festgehalten oder gut fixiert werden.

Schritt 3: Vorsichtig am Ball wackeln

Ist der vorhergehende Schritt erreicht, wird der Ball immer noch nicht gerollt! Verlangen Sie vom Hund, dass er ruhig stehen bleibt, und wackeln Sie zur Gewöhnung ein kleines bisschen am Ball. Sinnvoll ist auch hier eine Hilfsperson, die den Hund seitlich noch etwas festhält. Bitte nicht am Halsband festhalten, damit der Hund nicht versehentlich gewürgt wird. Verwenden Sie vorsichtshalber ein Brustgeschirr.

Schritt 4: Langsam rollen

Ist auch diese Hürde genommen, können Sie beginnen, den Ball langsam zu rollen. Es kann eine Weile dauern, bis der Hund versteht, dass er ruhig auf dem Ball laufen muss, um nicht herunterzufallen. Auch hier kann es zu Beginn hilfreich sein, wenn eine zweite Person den Hund leicht festhält und unterstützt.

Ein selbstbewusster Hund kann viel Spaß bei dieser Übung haben.

86 APPORTIEREN

- 87 APPORTIEREN SCHRITT FÜR SCHRITT
- 88 DAS NATURTALENT
- 90 DER NORMALFALL
- 94 ANLEITUNG FÜR DAS FESTHALTEN
- 99 BRINGEN VERSCHIEDENER GEGENSTÄNDE

APPORTIEREN SCHRITT FÜR SCHRITT

Lernziel Der Hund bringt geworfene oder gezeigte Gegenstände zu Ihnen zurück.

Voraussetzungen und Hilfsmittel Sie benötigen viele verschiedene Gegenstände, z.B. Spielzeug, Dummy etc., eine nicht zu kurze Leine und einen apportierfreudigen Hund.

In diesem Kapitel soll es nicht um das prüfungsmäßige Apportieren oder Dummy-Training gehen. Dies sind sportliche Üungen, deren geforderte Exaktheit und Ernsthaftigkeit im Alltag nicht notwendig sind, um mit dem Hund Spaß zu haben. Je nach Apportierfreudigkeit des Hundes gibt es verschiedene Trainingsmöglichkeiten.

Besonders praktisch ist es, wenn Ihr Hund für das Apportieren zwei verschiedene Hörzeichen beherrscht: **FEST**, um einen Gegenstand festzuhalten, d.h. ins Maul zu nehmen, **BRINGS**, um den Gegenstand zu bringen. Natürlich können Sie auch andere Hörzeichen verwenden.

Einmal über die Hürde...

88 Apportieren

Anleitung für Variante 1 – das Naturtalent

Dieser Hund trägt von sich aus alles Erdenkliche stundenlang begeistert herum und bringt jedes geworfene Spielzeug sofort zurück. Dies macht das Training einfach.

Schritt 1: FEST einführen

Wann immer der Hund etwas ins Maul nimmt, sagen Sie das Hörzeichen dazu, z.B. **FEST**. Auch beim apportierfreudigen Hund sollten Sie mit Lob nicht sparen.
Verlangen Sie nicht gleich, dass der Hund den Gegenstand auch zu Ihnen zurückbringt und wieder ausgibt. Trainieren Sie einige Tage, dass der Hund einen Gegenstand von Ihnen nimmt und kurze Zeit umherträgt.

Schritt 2: BRINGS einführen

Jetzt können Sie das Hörzeichen **BRINGS** mit einführen. Jedes Mal, wenn sich der Hund mit dem Spielzeug im Maul auf Sie zu bewegt, rufen Sie begeistert **BRINGS**.

... und mit dem Apportierholz wieder zurück. Bis das klappt, ist es ein weiter Weg.

Auch beim apportierfreudigen Hund sollten Sie nicht immer **AUS** verlangen, wenn er mit seinem Spielzeug zu Ihnen kommt. Dies könnte ihm irgendwann die Freude am Bringen verleiden.

Die Tausch-Methode

Eine gute Methode, die Bringfreudigkeit des Hundes zu erhalten, ist es, das gebrachte Spielzeug gegen ein Leckerchen oder gegen einen weiteren Gegenstand zu tauschen. Verwenden Sie das Kommando **BRINGS** und **AUS** höchst selten, wenn Sie das Spiel beenden möchten, sondern locken Sie den Hund zu sich heran und tauschen den Gegenstand gegen ein Leckerchen ohne das Kommando **AUS**. Ziel ist, dass der Hund mit dem Hörzeichen **BRINGS** zunächst nicht verknüpft, dass der Spaß zu Ende ist.

Apportieren

Anleitung für Variante 2 – der Normalfall

Dieser Hund läuft meistens begeistert hinter einem geworfenen Spielzeug oder Stöckchen her, bringt es aber nicht unbedingt zuverlässig auf Hörzeichen zurück. Manchmal hat er auch kein Interesse daran und lässt den Menschen mit seinem Stöckchen einfach stehen. In diesem Fall ist es notwendig, die Begeisterung des Hundes zu erhöhen. Dazu gibt es einige gute Tricks.

Schritt 1: Wettlauf zum Spielzeug

Werfen Sie das Spielzeug unter großem Hallo weg und rennen Sie begeistert mit Ihrem Hund darauf zu. Machen Sie ruhig einen kleinen Wettlauf daraus. Dies erhöht die Attraktivität des Spielzeuges ganz ungemein. Wenn Ihr Hund gewinnt, freuen Sie sich mit ihm, loben ihn begeistert, und rennen ein Stückchen mit ihm gemeinsam. Sollten Sie schneller an der Beute sein, schnappen Sie sie, jubeln laut und stolzieren mit der Beute herum.

„Harte" Gegenstände stellen die meisten Hunde vor eine Herausforderung.

Kurze Zeit später werfen Sie sie erneut und wiederholen das ganze Spiel. Sie können Ihren Hund auch kurz am Halsband festhalten und ihn richtig anfeuern, bevor Sie ihn loslassen und das Wettrennen starten.

**Schritt 2:
Häufig wiederholen**

Diese „Übungen" wiederholen Sie einige Tage, bis Ihr Hund mit Feuereifer dem Spielzeug hinterherrennt. Verwenden Sie hierzu immer sein Lieblingsspielzeug, das er sonst nicht zur freien Verfügung haben sollte. Dies bedeutet, es liegt nicht in der Wohnung herum, sondern Sie haben es konfisziert.
Bei all diesen Aktivitäten verwenden Sie noch kein Hörzeichen. Sie möchten ja schließlich nicht, dass der Hund lernt, das Hörzeichen **BRINGS** zu ignorieren, und sich anderen Beschäftigungen zuwendet. Sinnvoller ist es, das Hörzeichen erst ganz zum Schluss einzuführen, wenn die Übung schon fast perfekt (besser noch perfekt) sitzt.
Wichtig ist auch, dass Sie nicht so lange üben, bis der Hund alle Lust verloren hat. Hören Sie immer kurz vorher auf. Wenn Sie beispielsweise wissen, dass der Hund nach acht Wiederholungen die Lust verliert, üben Sie höchstens vier- bis fünfmal.

**Schritt 3:
Zurückbringen an der Leine**

Sobald Sie das Gefühl haben, dass der Hund jetzt wesentlich motivierter dem geworfenen Spielzeug hinterherläuft, können Sie vorsichtig das Zurückbringen mit einführen.
Die ersten Tage verwenden Sie hierbei eine nicht zu kurze Leine (ca. 2 bis 3 m lang). Werfen Sie wie gewohnt das Spielzeug und rennen Sie gemeinsam mit dem Hund hin.
In der Regel wird Ihr Hund das Spielzeug erbeuten. Loben Sie ihn begeistert und rennen nun einige Schritte rückwärts. Wahrscheinlich folgt der Hund von alleine. Ist dies nicht der Fall, wird er durch die Leine dazu gebracht. Jetzt müssen Sie Ihr Lob noch mehr intensivieren, damit der Hund nicht die Lust verliert.

Apportieren

Nach einigen Schritten bleiben Sie stehen. Ist Ihr Hund bei Ihnen angekommen, schließen Sie ein kleines Zerrspiel an. Danach hängt die weitere Vorgehensweise von den Vorlieben des Hundes ab. Ist er sehr spielfreudig und lässt sich das Spielzeug problemlos abnehmen, werfen Sie es sofort erneut. Wenn er es nicht hergeben möchte, verwenden Sie ein zweites Spielzeug, das Sie ihm zeigen oder tauschen gegen ein Leckerchen. Auf keinen Fall darf an dieser Stelle etwas für den Hund Unangenehmes stehen.

Schritt 4: Ablauf variieren

Variieren Sie diesen Ablauf immer wieder. Zum Beispiel rennen Sie im Anschluss an das Zerrspiel wieder einige Schritte mit Ihrem Hund. Lassen Sie Ihren Hund ruhig auch ein Mal gewinnen. Das heißt, Sie lassen während des Zerrspiels einfach die Beute los und freuen sich lautstark darüber, dass der Hund „gewonnen" hat.

Apportieren lässt sich auch aus dem Spiel heraus entwickeln.

Schritt 5: BRINGS einführen

Nach einigen Tagen sollte Ihr Hund so weit sein, dass er Ihnen begeistert mit dem Spielzeug im Maul folgt, wenn Sie nach dem Erreichen der Beute rückwärtslaufen. Ist es so weit, können Sie in dieser Phase das Hörzeichen **BRINGS** einführen.
Noch ein kleiner Erziehungshinweis: Bitte lassen Sie sich auf Zerrspiele mit dem Hund nur dann ein, wenn es absolut keine Gehorsamsprobleme gibt.

Schritt 6: Langsam steigern

Für den weiteren Verlauf ist es wichtig, dass in kleinsten Stufen vorgegangen wird. Zunächst laufen Sie nicht mehr ganz bis zu dem geworfenen Spielzeug mit, sondern bleiben einige Schritte hinter dem Hund zurück, während dieser das Spielzeug holt. Hat er es aufgegriffen und nimmt nun Blickkontakt zu Ihnen auf, behalten Sie ruhig noch einige Tage das Rückwärtslaufen bei, um den Hund zum Bringen zu animieren. Wahrscheinlich können Sie auch jetzt schon die Leine weglassen. Wenn Sie sich unsicher fühlen, verwenden Sie eine dünne 5- oder 10-m-Leine. Falls der Hund in diesem Stadium nicht motiviert auf Sie zuläuft, können Sie sich auch einfach einmal herumdrehen und weglaufen, um dies zu verbessern. Nun können Sie langsam folgende Übungen weiter ausbauen.

Apportieren

Anleitung für das Festhalten

Falls der Hund das Spielzeug auf dem Rückweg immer wieder fallen lässt, oder Sie einige weiterführende Tricks einüben möchten, benötigen Sie das Hörzeichen **FEST**. Diese Übung ist für manche Hunde in den ersten Tagen nicht besonders attraktiv, auch wenn ihnen dabei eigentlich nichts Schlimmes passiert. Überlegen Sie sich vorher, ob Sie diese Übung brauchen und ob Sie genügend Durchhaltevermögen besitzen. Natürlich kann man diese Übung auch mit dem Clicker trainieren. Bei einem unserer Hunde, dem Australian Shepherd Shean, war es allerdings nicht möglich, den Clicker einzusetzen, weil er den Gegenstand nicht einmal eine Sekunde lang festhielt und wir so keine Möglichkeit hatten, ihn zu bestärken. So etwas passiert. Nicht alle Hunde sind Apportierfreaks, manche haben ein so „weiches" Maul, dass sie keine Gegenstände festhalten möchten. Das sollte man akzeptieren.

Schritt 1: Ohne Ablenkung üben

Beginnen Sie mit dieser Übung in ablenkungsfreier Umgebung, z.B. bei Ihnen zu Hause. Verwenden Sie einen Gegenstand, den der Hund gerne ins Maul nimmt. Die meisten Hunde mögen weiche oder gummiähnliche Gegenstände. Gut geeignet sind auch die sog. Dummys, die beim Jagdtraining verwendet werden. Wählen Sie für den Anfang weder einen zu leichten noch zu schweren Gegenstand.
Auch sollte er vom Gewicht her der Größe des Hundes angepasst sein.
Nehmen Sie Ihren Hund an eine kurze Leine und setzen Sie sich auf einen Stuhl. Der Hund befindet sich direkt vor Ihnen. Hängen Sie sich die Leine um den Arm oder stellen einen Fuß darauf. Die Leine sollte trotzdem locker durchhängen und keinen Druck auf das Halsband ausüben.
Nun zeigen Sie dem Hund den Dummy. Loben Sie den Hund bereits dafür, dass er daran schnuppert. Öffnen Sie mit einer Hand sanft das Maul des Hundes und legen mit der anderen den Dummy hinein. Mit der einen Hand halten Sie den Hund unter dem Kinn sanft fest und verhindern, dass er den

Dummy wieder fallenlässt. Mit der anderen Hand streicheln Sie den Hund und loben ihn gleichzeitig in den höchsten Tönen. Nach einigen Sekunden (3 bis 14 Sekunden reichen für den Anfang) nehmen Sie mit dem Hörzeichen **AUS** den Dummy wieder in die Hände. Loben Sie in diesem Stadium nicht für das **AUS**, sondern ausführlich und begeistert dafür, dass der Hund den Dummy im Maul hat.

Bei den meisten Hunden müssen Sie diese Übung ca. 14 Tage lang täglich mehrfach wiederholen. Dabei können Sie die Festhaltedauer langsam steigern. Sparen Sie während des Festhaltens nicht mit Lob.

Schritt 2: Hände langsam entfernen

Hält Ihr Hund den Dummy einigermaßen gut fest, nehmen Sie langsam die Hände einige Zentimeter weg. Seien Sie auf der Hut, damit Sie verhindern können, dass der Hund den Dummy wieder ausspuckt. Sie dürfen bei dieser Übung weder ungeduldig noch ärgerlich werden. Betrachten Sie sie auch als Geduldsübung für sich selbst!

Bleiben Sie immer freundlich und sanft.

Apportieren

Schritt 3: Schwierigkeitsgrad steigern

Wenn Sie nach ca. ein bis zwei Wochen so weit sind, dass der Hund auf den Befehl **FEST** den Dummy nimmt und ca. 5 bis 10 Sekunden auch festhält, steigern Sie langsam den Schwierigkeitsgrad. Das bedeutet nicht, dass Sie den Dummy bereits wegwerfen können. Der nächste Schritt ist viel kleiner: Die ganze Zeit haben Sie den Dummy direkt vor das Maul Ihres Hundes gehalten, damit er ihn nehmen kann. Jetzt halten Sie den Dummy ein wenig tiefer, ca. 15 bis 30 cm von Ihrem Hund entfernt, und fordern ihn mit dem Befehl **FEST** auf, den Dummy zu nehmen. Wenn Ihr Hund diesen Lernschritt bewältigt, ist ein Jackpot durchaus angemessen. Die nächsten Lernschritte sehen wie folgt aus.

Schritt 4: Der Dummy wird auf den Boden gelegt

Der Dummy wird zunächst vor dem Hund auf den Boden gelegt. Klappt auch diese Übung reibungslos, können Sie zum nächsten Schritt übergehen.

Zuerst wird der Dummy vor dem Hund hingelegt. Weiche Gegenstände sind am Anfang angenehmer.

**Schritt 5:
Der Dummy
wird geworfen**

Der Dummy wird ein winzig kleines Stück geworfen (beim ersten Mal mit dem Hund zusammen zum Dummy gehen, um ihn zu unterstützen).
Wenn Sie so weit sind, dass Sie den Dummy einige Schritte wegwerfen können und Ihr Hund nicht von selbst auf die Idee kommt, den Dummy zu Ihnen zurückzubringen, fordern Sie ihn freundlich dazu auf. Verwenden Sie noch nicht das Hörzeichen **BRINGS**, sondern locken Sie ihn zu sich zurück. Falls Ihr Hund dazu neigt, auf dem Weg zu Ihnen den Dummy fallen zu lassen, können Sie das Hörzeichen **FEST** verwenden.
Wichtig ist es ein weiteres Mal, in winzig kleinen Schritten vorzugehen und dem Hund das Festhalten so schmackhaft wie möglich zu machen. Erst wenn es mit dem Dummy wirklich gut klappt, können Sie andere Gegenstände verwenden.

> **TIPP**
> **Während dieser ersten Tage können Sie gleichzeitig die Attraktivität des Dummys steigern. Der Dummy bekommt einen erhöhten „Ehrenplatz" im Regal oder auf einem Schrank, so dass der Hund ihn auch gut sehen kann. Wenn Sie das Zimmer betreten, begrüßen Sie zuerst begeistert den Dummy. Nehmen Sie ihn täglich in den Arm, spielen mit ihm, werfen ihn in die Luft, ohne dass der Hund ihn bekommt. Beachten Sie Ihren Hund dabei überhaupt nicht. Der Dummy ist scheinbar für Sie extrem wichtig. Nehmen Sie ihn abends während des Fernsehens in den Arm. Dieser höchst effektive Trick stammt übrigens von unserer Kollegin Perdita Lübbe von der Hunde-Akademie in Roßdorf bei Darmstadt.**

Schritt 6: Andere Gegenstände einführen

Beginnen Sie mit Spielzeug oder Gegenständen, die Ihr Hund voraussichtlich gerne ins Maul nehmen wird. Die meisten Hunde mögen keine sehr harten Gegenstände. Wirklich schwierig wird es mit Metall oder Glas. Aber auch das ist zu bewältigen.

Mein Australian Shepherd Shean besitzt ein sog. „weiches" Maul. Er trägt sogar Bälle oder Stöckchen, die er gerne mag, nur unter Einsatz von möglichst wenigen Zähnen und hält sie gerade nur so fest, dass sie nicht herunterfallen. Sogar ein ausgesprochener Clicker-Profi sah keine Möglichkeit, ihm das Apportieren von anderen Gegenständen beizubringen. Doch mit vielen Jackpots und geduldigem Üben ist Shean mittlerweile sogar dazu bereit, Münzen, Gießkannen, oder andere „unmögliche" Gegenstände zu tragen und zu apportieren.

> **AUS DER TRICKKISTE**
> - Auch wenn der Dummy schmuddelig, angesabbert oder unappetitlich aussieht, dürfen Sie weder Ekel noch Abneigung zeigen. Schließlich soll der Hund diesen gleichen Dummy mit Begeisterung tragen und apportieren. Sie müssen sich also jederzeit über den Dummy freuen. Am besten kaufen Sie gleich mehrere Dummys!
> - Testen Sie viel Spielzeuge und Gegenstände, um herauszufinden, welche Machart Ihrem Hund am besten gefällt.
> - Wenn Sie beispielsweise möchten, dass Ihr Hund ein Körbchen trägt, und der Hund vor dem eventuell harten Henkel zurückschreckt, können Sie diesen mit Plüsch- oder Stoffstreifen umwickeln. Wenn es damit dann gut klappt, sollten Sie einige Jackpots verteilen, bevor Sie es wieder ohne Polster versuchen.

Der Dummy wird geworfen und korrekt apportiert.

BRINGEN VERSCHIEDENER GEGENSTÄNDE

Lernziel Der Hund bringt auf das Hörzeichen **APPORT** das vom Menschen angezeigte Spielzeug.

Voraussetzungen und Hilfsmittel Der Hund bleibt ruhig sitzen oder liegen, wenn Sie einen Gegenstand werfen, bis Sie Hörzeichen **LAUF** geben. Der Hund ist apportierfreudig.

Anleitung Kann Ihr Hund vom Apportieren nicht genug bekommen, können Sie folgende Übung versuchen.

Apportieren

Schritt 1:
Werfen
von zwei
Gegenständen

Der Hund wartet in der **SITZ**- oder **PLATZ**-Position, und Sie werfen nacheinander zwei Gegenstände; einen nach rechts und einen nach links. Beim ersten Mal sollte der Hund angeleint sein.
Jetzt geben Sie Ihrem Hund ein deutliches Sichtzeichen, welches der beiden Spielzeuge er holen soll, und laufen gemeinsam mit ihm dort hin. Eventuell können Sie schon nach einigen Schritten zurückbleiben und den Hund alleine laufen lassen.

Schritt 2:
Ablauf variieren

Wenn Sie diese Übung öfter wiederholen, sollten Sie unbedingt darauf achten, dass Sie nicht immer den gleichen Ablauf abspulen. Beispielsweise sollten Sie den Hund nicht immer zu dem zuletzt geworfenen Spielzeug schicken, sonst wird er auch in Zukunft immer dieses holen wollen.

Bringen verschiedener Gegenstände

Wählen Sie eindeutige Hörzeichen, die der Hund gut unterscheiden kann.

Wenn Sie auf dieser Stufe angelangt sind, stehen Ihnen noch viele Möglichkeiten offen:

- Sie erweitern die Anzahl der geworfenen Gegenstände. Hierbei müssen Sie natürlich darauf achten, dass Sie dem Hund über Körpersprache noch deutlicher signalisieren, welchen Gegenstand er wann holen soll. Ist Ihr Hund besonders clever, können Sie natürlich auch Hörzeichen für die verschiedenen Spielzeuge einführen.
- Werfen Sie die Gegenstände in hohes Gras, Gestrüpp oder andere schwierige Orte. Beeinträchtigen Sie hierbei aber keine frei lebenden Wildtiere!
- Noch schwieriger wird es, wenn Ihr Hund längere Zeit (einige Minuten) warten muss, bevor er das Spielzeug suchen darf.

NASENARBEIT – ÜBUNGEN FÜR SCHNÜFFLER

- 103 DIE WUNDERNASE
- 104 FREIE SUCHE NACH MENSCHEN
- 106 SUCHSPIELE MIT FUTTER UND SPIELZEUG

DIE WUNDERNASE

Der Hund ist ein Nasentier! Das hört man als Hundehalter immer wieder. Aber ehrlich – wer kann sich das als Mensch vorstellen? Mein größter Wunsch als Hundeerzieherin ist es, einmal die Welt durch die Augen, pardon, durch die Nase eines Hundes zu erleben. Da uns das leider nicht möglich ist, können wir nur auf Fakten zurückgreifen:

- Versuche haben gezeigt, dass Hunde beispielsweise Buttersäure in einer einhundert bis einhundertmillionenmal größeren Verdünnung wahrnehmen können als der Mensch, was Wegmann und Heines ausführlich in ihrem Buch „Such und Hilf" beschreiben.
- Lawinenhunde orten Verschüttete in einer Tiefe von 2 Metern und Wassersuchhunde orten sogar lebende oder tote menschliche Körper unterhalb der Wasseroberfläche. Wer mehr über dieses faszinierende Thema erfahren möchte, dem sei das o.a. Buch empfohlen!

Suchspiele

Für Suchspiele (egal ob Futter, Menschen oder Gegenstände gesucht werden sollen) gibt es prinzipiell zwei Möglichkeiten: Entweder sucht der Hund eine Spur, beispielsweise die Trittspuren eines Menschen oder einen geschleppten Gegenstand (oder Futter in einem Säckchen), oder er sucht „frei", d.h. er läuft hin und her und sucht mit erhobener Nase. Natürlich können Sie Ihrem Hund beides beibringen, nur sollten Sie dann zwei verschiedene Hörzeichen verwenden! Gerade Suchspiele sind sehr gut geeignet, um Ihren Hund auszulasten. Die Nasenarbeit ermüdet Ihren Hund schneller als jedes andere Spiel und ist gleichzeitig ein wichtiges Instrument, um unsere oft unterforderten Hunde auch geistig zu beanspruchen.

Nasenarbeit – Übungen für Schnüffler

FREIE SUCHE NACH MENSCHEN

Lernziel	Der Hund sucht eine versteckte Person.
Voraussetzungen und Hilfsmittel	Sie benötigen eine Hilfsperson. Der Hund sollte schon einen Spaziergang hinter sich haben, damit er sein Bedürfnis, zu schnuppern, schon gestillt hat. Natürlich sollte er auch nicht zu müde sein! Zu Beginn kann auch ruhig im eigenen Garten geübt werden.
Anleitung Schritt 1: Der Hund darf beim Verstecken zusehen	Ein weitere Person hält Ihren Hund an kurzer Leine fest, während Sie sich schnell ein Stückchen entfernen. Feuern Sie Ihren Hund dabei an, rufen Sie ihn enthusiastisch und aufgeregt. Zu Beginn reichen einige Schritte hinter den nächsten Baum. Ihr Hund darf Sie dabei beobachten. Sobald Sie für einige Sekunden außer Sicht sind, lässt die Hilfsperson den Hund mit dem gewählten Hörzeichen los und feuert ihn an. Sobald Ihr Hund Sie gefunden hat, freuen Sie sich natürlich sehr und lassen ein kurzes Spiel oder ein Leckerchen „springen".

Am Anfang sollte die Übung einfach gestaltet werden.

Freie Suche nach Menschen

Folgende Steigerungsmöglichkeiten stehen Ihnen nun offen:
- Sie steigern die Entfernung und den Schwierigkeitsgrad des Versteckes.
- Sie steigern die Zeitdauer, bis Ihr Hund Sie suchen darf.

Schritt 2: Der Hund darf beim Verstecken nicht zusehen

Als Nächstes darf Ihr Hund nicht mehr zusehen, in welchem Versteck Sie verschwinden. Wenn Sie zu diesem schwierigen Schritt übergehen, darf die Entfernung zum Versteck nicht zu groß sein, damit Ihr Hund Erfolg hat. Besonders gut kann man dies irgendwo am Waldrand üben (viele Bäume zum Verstecken!). Falls man mit dem Hund nicht außer Sicht gehen kann, können Sie ihm auch die Augen zuhalten lassen. Wenn Ihr Hund großen Gefallen an diesem Spiel gefunden hat, können Sie ihn auch Freunde oder Familienmitglieder suchen lassen. Besonders Kinder haben dabei natürlich sehr viel Freude.

SUCHSPIELE MIT FUTTER UND SPIELZEUG

Dieses simple Spiel hat wohl jeder schon einmal mit seinem Hund gespielt. Wir haben in unserer Hundeschule aber die Erfahrung gemacht, dass viele Hundebesitzer dieses Spiel nur in der Wohnung spielen und sich so eines wunderbaren und vielseitigen Erziehungsinstrumentes berauben.
Sinnvollerweise setzt man es als Belohnung ein – und sei es nur für ein simples **GUCK MAL**. Die meisten Hunde lieben diese Spiele sehr, und sie sind einfach (auch von weniger sportlichen Menschen) durchzuführen.

Lernziel	Der Hund sucht versteckte Leckerchen oder Spielzeug.
Voraussetzungen und Hilfsmittel	Leckerchen und Spielzeug, ein hungriger Hund…
Anleitung	Halten Sie Ihren Hund am Halsband fest und zeigen ihm ein kleines Leckerchen. Nun werfen Sie das Leckerchen ca. 1 Meter weit weg ins Gras. Nach 5 Sekunden lassen Sie Ihren Hund los und feuern ihn bei der Suche nach dem Leckerchen an.

Hunde können kleine unbewegte Gegenstände im Gras nur sehr schlecht sehen, daher müssen sie eigentlich sofort ihre Nase einsetzen. Es geht hierbei nicht darum, dass der Hund das Leckerchen möglichst schnell findet, sondern er soll mit der Nase arbeiten, Spaß haben und beschäftigt werden. Als Draufgabe verknüpft er diesen Spaß natürlich mit Ihnen, schließlich haben Sie dieses tolle Spiel initiiert. Solange Ihr Hund also mehr oder weniger konzentriert sucht, loben Sie ihn, helfen ihm aber nicht. Erst wenn er es gar nicht finden will, können Sie als „Oberjäger" auftreten und ihm die Richtung weisen.
Falls Sie selbst das Leckerchen nicht mehr finden, dann lassen Sie einfach unauffällig an anderer Stelle eines fallen (wenn Ihr

Hund gerade nicht hinschaut) und „helfen" ihm dann, das neue Leckerchen zu finden.

Unterschiedliche Begabungen Gerade bei dieser ersten simplen Übung kann man die unterschiedlichen Fähigkeiten der Hunde schnell erkennen. Für manche Hunde ist der Abstand von 1 Meter ein Kinderspiel, sie stürzen sich ohne groß suchen zu müssen aufs Leckerchen. Andere müssen wirklich einige Minuten lang suchen und schnuppern durchaus einmal wenige Zentimeter am Leckerchen vorbei.

Feuern Sie Ihren Hund bei der Suche an.

Für die ersteren Kandidaten sollte man dann schnell die Wurfweite und Wartezeit erhöhen, damit es nicht zu einfach ist. Gehen Sie jedoch nicht zu schnell vor, bei dieser Übung sollte der Spaß im Vordergrund stehen! Je öfter Sie es spielen, desto besser wird die Nase und Ausdauer Ihres Hundes werden! (Die Nase wird natürlich nicht „besser", sondern der Hund lernt, konzentrierter und gezielter zu suchen.)

Verknüpfen Sie das Spiel mit einer Übung

Wie oben bereits erwähnt, sollten Sie dieses tolle Spiel mit einer kleinen Übung verbinden. Diese könnte so aussehen: Sie rufen Ihren Hund und halten ihn am Halsband fest. Dabei loben Sie ihn überschwänglich und zeigen ihm das Leckerchen. Nun werfen Sie es weg (den Hund immer noch festhalten!) und erst dann darf er es suchen.

Ist Ihr Hund in der Ausbildung schon fortgeschritten, können Sie auch **SITZ** oder **PLATZ** verlangen. Bei den ersten Versuchen hiermit sollten Sie Ihren Hund sicherheitshalber festhalten, damit er das **SITZ** oder **PLATZ** nicht alleine aufhebt und sich dafür auch noch seine Belohnung sucht.

Ein weiterer Vorteil des Leckerchensuchspieles besteht darin, dass hier der Jagdtrieb des Hundes ein bisschen befriedigt werden kann. Und es ist allemal besser, er „jagt" mit Ihnen gemeinsam Leckerchen, als alleine Hasen oder Rehe.

Futtermenge kontrollieren

Unserer Meinung nach kann man dieses Spiel gar nicht oft genug spielen. Es ist ein wunderbares Mittel, die Bindungsbereitschaft und den Gehorsam des Hundes zu verbessern. Natürlich dürfen Sie nicht vergessen, diese ganzen Leckerchen von der täglichen Futterration abzuziehen, damit Ihr Liebling nicht zu dick wird.

Alternative mit Spielzeug

Sollten Sie wirklich einen Hund haben, der keine Leckerchen suchen mag oder Sie das aus anderen Gründen nicht möchten, dann kann man dieses Spiel natürlich auch mit Spielzeug spielen.

Hierzu brauchen Sie aber etwas höheres Gras oder Laub, damit der Hund das Spielzeug nicht mit den Augen finden kann. Zusätzlich müssen Sie ihm eventuell noch die Augen zuhalten.

Suchspiele mit Futter und Spielzeug

„Aber bringe ich meinem Hund damit nicht bei, Müll zu suchen?"

Diese Frage wird an dieser Stelle sehr häufig gestellt. Viele Ausbilder vertreten auch die Meinung, der Hund dürfe nie etwas vom Boden aufnehmen. Wir sehen dies etwas anders. Für den Alles- und Aasfresser Hund ist es absolut natürlich, gefundene Nahrungsmittel (auch wenn die meisten Hunde Nahrungsmittel natürlich anders definieren als uns lieb ist), aufzunehmen. Hunde, die von sich aus irgendwelchen Müll oder Abfälle nicht anrühren, sind eine (leider seltene) Ausnahme. Dies von einem durchschnittlich veranlagten Hund zu erwarten oder ihm dies antrainieren zu wollen, geht unserer Meinung nach nur mit einem nicht zu vertretenden Zwang. Besser ist es, sein Bedürfnis nach Jagd und Nahrungssuche kontrolliert und gemeinsam mit dem Menschen zu befriedigen und ansonsten den Gehorsam des Hundes so weit zu verbessern, dass er sich von Unerwünschtem abrufen lässt. Hierbei ist übrigens ein Jackpot ein wunderbares Mittel. Mein Australian Shepherd Shean ist ein Müllschlucker par excellence. Er saugt auch den allerletzten Brotkrümel auf, den irgendeine Ente hat liegen lassen, und kontrolliert jeden Mülleimer. Diese unangenehme Eigenschaft bekam ich zwar in den Griff, aber nicht sehr zufrieden stellend. Optimal wurde dies erst nach dem Einsatz mehrerer Jackpots. Mittlerweile spuckt Shean alles aus (oder bringt es mir....), wenn von mir ein „Shean – **GUCK MAL**" ertönt, obwohl es inzwischen nur noch ein Viertel Bröckchen Frolic oder Ähnliches dafür gibt.

Dieser Hund sucht sogar einen versteckten Apfel.

AUF HEISSER SPUR

- 111 FÄHRTENARBEIT
- 116 WIE GEHT ES WEITER?
- 120 EIGENIDENTIFIKATION VON GEGENSTÄNDEN
- 122 WASSERSPUR– SUCHEN AUF TEER

FÄHRTENARBEIT

Lernziel

Bei der „sportlichen" Fährtenarbeit geht es darum, dass der Hund einer menschlichen Fußspur (entweder vom Besitzer oder von einer Fremdperson) folgt und dabei einen oder mehrere „verlorene" Gegenstände anzeigt. In der Prüfung sind die Fährten einige hundert Schritte lang. Hier soll es allerdings nicht um prüfungsmäßiges Fährten gehen, sondern um Spaß und Auslastung für den Familienhund. Der Hund sucht übrigens nicht nur den Geruch des Menschen, sondern lernt auch, sich an der so genannten Bodenverletzung zu orientieren. Diese entsteht, weil beim Gehen Grashalme niedergetreten werden oder der Boden mehr oder weniger eingedrückt wird. Gleichzeitig verliert jeder Mensch bei jedem Schritt viele kleinste Hautpartikel, die hinter ihm zu Boden sinken.

Voraussetzungen und Hilfsmittel

Damit der Hund lernen kann, dass er hauptsächlich nach der Bodenverletzung suchen muss, ist es am einfachsten, im Frühjahr und Herbst zu beginnen. Es darf weder zu trocken noch zu windig sein. Auch gefrorener Boden ist am Anfang zu schwierig. Am besten eignet sich eine kurz gemähte Wiese (frühmorgens mit Tau!) oder – noch besser – ein frisch geeggter Acker. Auch ein Acker mit noch kurzem grünen Getreide (max. 10 cm hoch) ist gut geeignet. Die meisten Bauern haben nichts dagegen, wenn man einmal (!) für diese Übung ihr Feld betritt. Sicherheitshalber sollten Sie aber vorher nachfragen. Parkwiesen, auf denen eventuell schon sehr viele Leute und Hunde herumgelaufen sind, sind nicht geeignet.

Der Fährtenabgang ...

Außerdem benötigen Sie mehrere Handvoll sehr klein geschnittener Wurst oder gekochten Fleisches. Die Schnipsel sollten wirklich max. 0,5 cm groß sein. Für den Fährtenabgang brauchen Sie ein Stöckchen oder einen großen Stein.
Eine kurze Leine und eventuell einen Erdanker, um Ihren Hund am Feldrand anbinden zu können, sollten Sie außerdem noch mit dabei haben.

... und so sieht die fertige Fährte aus. Wir haben für dieses Foto allerdings wegen der besseren Sichtbarkeit Frolic gewählt. Für eine Übungsfährte sollten Sie wesentlich kleinere Leckerchen wählen.

Anleitung

Schritt 1: Binden Sie Ihren Hund an

Binden Sie Ihren Hund mit Sicht zum gewählten Feld oder zur Wiese an. Verlangen Sie nicht **SITZ** oder **PLATZ**, wenn Sie sich nicht ganz sicher sind, dass Ihr Hund das auch während der gesamten Zeit befolgt!

Schritt 2: Entfernen Sie sich vom Wegrand

Nun gehen Sie einige Schritte vom Wegrand weg (dort ist i.d.R. noch zu viel geruchliche Ablenkung für den Anfang) in das Feld hinein. Auf eingesäten Feldern sollten Sie parallel zur Furche bzw. Saatreihe arbeiten. Dies erleichtert es Ihnen und Ihrem Hund, der Spur zu folgen.

Fährtenarbeit | 113

Schritt 3:
Stampfen Sie ein Dreieck

Treten Sie mit festem Aufstampfen ein Dreieck mit einer Kantenlänge von ca. 50 cm in den Boden. Neben das Dreieck legen Sie Ihren Stein oder stecken das Stöckchen in die Erde. Dies dient dazu, dass Sie den Anfang Ihrer Fährte auch wiederfinden. Die Spitze des Dreiecks weist auf den Beginn der geplanten Fährte. Sie dürfen dieses Dreieck oder die Fährte jetzt nicht mehr verlassen, um Ihren Hund nicht zu irritieren. Auf dem Dreieck (dies ist unser „Fährtenabgang") verteilen Sie 5 bis 6 kleine Leckerchen.

Schritt 4:
Legen Sie die Fährte aus

Jetzt legen Sie an die Spitze des Dreiecks ein Leckerchen und treten mit einem Fuß darauf. Bewegen Sie den Fuß ein wenig hin und her, damit ein deutlicher Fußabdruck entsteht. Lassen Sie den Fuß stehen und legen Sie ein weiteres Futterbröckchen einen winzig kleinen Schritt weiter vor sich. Hierauf treten Sie mit Ihrem anderen Fuß. So arbeiten Sie sich Schritt für Schritt einige Meter geradeaus.
Falls vorhanden, orientieren Sie sich an der Furche (parallel dazu laufen!) oder an einem Geländepunkt (Baum, Pfosten etc. nicht an einer Wolke!). Die Schritte sollten sich berühren, d.h. nur leicht nebeneinander versetzt sein. Fast so, als würden Sie schlurfen.

Für jeden Schritt also legen Sie ein Leckerchen aus, treten kräftig darauf, legen das nächste aus, treten darauf usw. Diese allererste Fährte sollte ca. 10 bis 15 Meter lang sein. Am Ende der Fährte legen Sie eine ganze Handvoll Leckerchen aus. Diese sollte von der Fährte aus nicht sichtbar sein. Also entweder eine Bodenvertiefung ausnutzen oder ein kleines Loch graben.

Schritt 5: Verlassen Sie die Fährte

Mit einem sehr großen Schritt verlassen Sie seitlich die Fährte und gehen in einem großen Bogen von der Fährte weg zu Ihrem Hund zurück, der sicher schon ganz aufgeregt ist und gerne wissen würde, was sein Mensch da so Geheimnisvolles getan hat.

Schritt 6: Warten Sie einige Minuten

Warum? Wenn Sie die Fährte legen, ist der Geruch der Bodenverletzung am größten, ufert seitlich aus (je nach Wind und Windrichtung). Außerdem sind alle von Ihnen „verlorenen" Hautpartikel noch am Niedersinken. Das Geruchsbild der Fährte ist also groß und breit. Nach ca. 10 Minuten sind die Hautpartikel zu Boden gesunken und der Geruch der Bodenverletzung hat sich auf die eigentliche Fährte konzentriert (oder beispielsweise bei Wind einen halben Meter oder mehr daneben, deswegen sollen Sie mit einem Anfängerhund nicht bei Wind fährten!). Für den Hund ist es also nach ca. 10 Minuten am einfachsten, die Fährte zu erkennen. Je älter die

Auf heißer Spur – bereits Junghunde haben Freude am Fährten.

Fährte dann wird, desto schmaler wird sie. Profisuchhunde finden allerdings auch Fährten, die mehrere Stunden oder Tage alt sind. Aber wir stehen ja erst am Anfang!

Schritt 7: Es geht los

Nehmen Sie Ihren Hund an die kurze Leine und gehen Sie mit ihm zum Fährtenabgang (unser getrampeltes Dreieck). Ihr Hund ist wahrscheinlich sehr aufgeregt und möchte unbedingt dahin, wo sein Mensch so beschäftigt war. Halten Sie ihn fest und bleiben Sie einen Schritt vor dem Fährtenabgang stehen.

Schritt 8: Feuern Sie Ihren Hund an

Jetzt zeigen Sie mit der Hand auf den Boden und feuern Ihren Hund mit **SUCH** etc. an. Versuchen Sie zu verhindern, dass er über dem Dreieck „kreiselt", damit er den Beginn der Fährte findet. Wenn Ihr Hund langsam und konzentriert das ganze Dreieck abschnüffelt – wunderbar! Versuchen Sie nicht, ihn schneller zu machen oder voranzutreiben. Bleiben Sie neben oder hinter Ihrem Hund. Keinesfalls dürfen Sie voranlaufen! Ist Ihr Hund hektisch, bleibt aber auf der Fährte, dann lassen Sie das ebenfalls zu. Falls er ein oder mehrere Leckerchen nicht findet, dann ziehen Sie ihn nicht zurück, gehen Sie weiter und folgen Sie ihm. Versuchen Sie immer zu verhindern, dass er auf der Fährte umkehrt. Schnuppert er nur rechts oder links über den Rand hinaus, dann lassen Sie ihn, er orientiert sich, wo die Fährte weitergeht.

Wie lange es dauert, bis der Hund die erste Fährte abgesucht hat, ist ganz unterschiedlich. Manche Hunde suchen wirklich bedächtig Schritt für Schritt ab und finden jedes Leckerchen. Manche hingegen stürmen über die Fährte und sind in null Kommanichts am Ende angelangt. Beides ist in Ordnung, korrigieren Sie es nicht.

**Schritt 9:
Der Hund wird belohnt**

Ist Ihr Hund am Ende der Fährte angelangt, lassen Sie ihn den Leckerchenhaufen fressen, loben ihn dabei und entlassen ihn mit **LAUF** oder dem sonst von Ihnen verwendeten Freigabewort. Wenn er dann selbstständig auf der Fährte zurückläuft, lassen Sie ihn ruhig.
Wenn Sie möchten, können Sie jetzt eine zweite Fährte legen. Sie müssen aber darauf achten, dass diese weit genug weg von Ihrer ersten ist (mindestens 10 bis 20 Meter bei Windstille!). Hierbei müssen Sie auch Ihren Weggang vom Fährtenlegen und vom Absuchen mit einrechnen.

Wie geht es weiter?

**Schritt 1:
Fährtenlänge steigern**

Sie können die Länge der Fährte relativ schnell steigern (bis ca. 50 m). Bei den sorgfältig und langsam suchenden Hunden erhöhen Sie die Länge der Fährte nicht so schnell, da diese Hunde sich sehr konzentrieren. Bei den Hektikern bringt eine längere Fährte oft etwas mehr Ruhe hinein.

Schritt 2: Sobald Ihr Hund zuverlässig eine ca. 50 m lange Fährte
Leckerchen absucht, können Sie beginnen, die Leckerchen etwas zu redu-
reduzieren zieren. Nicht gleich auf die Hälfte, aber so bei jedem dritten
oder vierten Schritt lassen Sie eines weg.

Schritt 3: Klappt auch dies, führen Sie den ersten leichten Bogen ein.
Bogen Dies kann u.U. für Ihren Hund eine enorme Schwierigkeit
einführen bedeuten, wenn er sich nicht mehr an der Saatreihe orientieren kann. Legen Sie kurz vor und im Bogen wieder vermehrt
Leckerchen aus. Direkt nach dem Bogen (es sollte zu Beginn
wirklich nur eine sanfte Kurve sein, keinesfalls ein rechter
Winkel etc.) kommt dann das Ende samt Belohnungs-
leckerchen!

Schritt 4: Wechseln Sie die Richtung des Bogens von rechts nach links
Bogenrichtung (unregelmäßig abwechseln bitte). Dann zwei oder mehr Bogen
wechseln im Verlauf der Fährte. Gleichzeitig steigern Sie die Länge
der Fährte und reduzieren auf den „Geraden" die Leckerchen,
bis Sie schließlich auch im Bogen die Leckerchen wieder
reduzieren können.

**Schritt 5:
Winkel
einführen**

Als nächsten Schritt werden die Kurven steiler, bis es irgendwann richtige Winkel werden. Jede Erhöhung des Schwierigkeitsgrades erleichtern Sie durch vermehrte Leckerchen. Manche Hunde bekommen allerdings am Suchen so viel Spaß, dass man die Leckerchen sehr schnell ganz weglassen kann. Am Ende sollte aber immer eine Belohnung stehen. Bei sehr spielfreudigen Hunden kann man auch am Ende der Fährte einen Ball vergraben.

**Bei Problemen
immer einen
Schritt zurück**

Sollten irgendwelche Probleme auftauchen (der Hund verlässt die Fährte, findet die Kurve nicht, ist zu schnell etc.), müssen Sie immer einen Schritt zurückgehen, d.h. die Schwierigkeit wieder herunterschrauben. Zwischendurch darf es auch immer wieder mal eine kurze und einfache Fährte sein. Überfordern Sie Ihren Hund nicht!

**Gegenstände
„verlieren"**

Wenn Ihr Hund so richtig Spaß am Fährten bekommen hat, führen Sie die ersten Gegenstände ein. Verwenden Sie eine alte Brieftasche oder irgendetwas Ähnliches in dieser Größe, das Sie einige Zeit am Körper getragen haben sollten.

Vor allem schwere Hunde können Sie mit Fährtenarbeit sinnvoll beschäftigen.

Diesen Gegenstand legen Sie mitten auf der Fährte ab, darunter verstecken Sie ein Leckerchen.
Ziel ist es, dass der Hund diesen Gegenstand durch Sitzen, Liegen oder Aufnehmen anzeigt. Sobald Ihr Hund am Gegenstand angelangt ist, verlangen Sie freundlich **PLATZ** oder **SITZ**. Liegt oder sitzt er, bekommt er das Leckerchen, das unter dem Gegenstand lag und natürlich ein ausführliches Lob. Nach einigen Sekunden (Zeit später langsam bis auf ca. 30 Sekunden steigern) darf er nach dem Hörzeichen **SUCH** weitersuchen.
Übertreiben Sie es nicht mit dem Verweisen von Gegenständen (später reichen zwei auf der Fährte und einer am Schluss). Für viele Hunde ist es nicht so attraktiv, auf der Fährte stoppen zu müssen.
Fährtenarbeit ist spannend, aber zeitaufwändig und oft dreckig... Versuchen Sie es trotzdem! Gerade Hunde, denen aufgrund körperlicher Voraussetzungen (groß und schwer) oder gesundheitlichen Einschränkungen die aktiveren Sportarten wie Agility verwehrt sind, können mit Fährtenarbeit sinnvoll beschäftigt werden.

EIGENIDENTIFIKATION VON GEGENSTÄNDEN

Lernziel
Der Hund identifiziert einen von mehreren gleich aussehenden Gegenständen, der Ihren Geruch trägt.

Voraussetzungen und Hilfsmittel
Dem Hund sollte das Hörzeichen **SUCH** geläufig sein. Sie benötigen mehrere gleich aussehende Gegenstände, beispielsweise Wäscheklammern (aus Holz, Plastik dürfte Geruch etwas schwerer annehmen) oder Tücher. Bitte achten Sie darauf, dass Sie die Wäscheklammern beispielsweise neu kaufen und die Tücher eventuell waschen, damit sie nicht Ihren Geruch annehmen können. Nach der Reinigung bzw. dem Kauf dürfen Sie die Gegenstände nicht mehr mit der Hand berühren, sondern können beispielsweise eine Grillzange benutzen. Bewahren Sie die „neutralen" Gegenstände in einer fest verschließbaren Kiste auf.

Anleitung

Schritt 1: Gegenstände auslegen
Den zu suchenden Gegenstand tragen Sie für einige Zeit am Körper oder in der Hand. Nun legen Sie den Gegenstand (ohne dass Ihr Hund zusieht) auf der Wiese oder in der Wohnung aus und einen weiteren neutralen (mit der Grillzange!) ein kleines Stück daneben.

> **ACHTUNG!**
> Merken Sie sich gut, welches „Ihr" Gegenstand ist!

Für den neutralen Gegenstand verwenden Sie eine Grillzange.

Schritt 2:
Lassen Sie den
Hund suchen

Jetzt können Sie Ihren Hund holen und ihn mit dem Hörzeichen **SUCH** zu den Gegenständen schicken. Sobald er sich mit dem richtigen Gegenstand auseinandersetzt, d.h. ihn intensiv beschnuppert, können Sie Ihr Bestätigungswort oder den Clicker einsetzen. Zu Beginn muss der Hund den Gegenstand noch nicht eindeutig identifizieren oder gar bringen. Wie bei allen anderen Übungen auch belohnen Sie zunächst „Kleinstschritte".

Schritt 3:
Mehrere
Gegenstände
verwenden

Mit der Zeit können Sie immer mehr Gegenstände auslegen. Ein apportierfreudiger Hund kann Sie dann auch bringen. Diese Übung macht viel Spaß und ist auch gut zum Vorführen geeignet!

WASSERSPUR – SUCHEN AUF TEER

Lernziel

Wenn Ihnen die Fährtenarbeit auf dem Acker zu dreckig ist oder Sie keinen passenden Acker finden können oder die Jahreszeit einfach nicht passend ist, gibt es noch eine andere lustige Möglichkeit: Ihr Hund sucht eine Spur auf Teer.

Voraussetzungen und Hilfsmittel

Sie benötigen eine besonders leckere Flüssigkeit wie z.B. das Wasser aus einer Würstchendose oder eine klare Fleischbrühe. Möglich, aber etwas aufwändiger ist es, ein nassgeschwitztes T-Shirt von Ihnen in klarem Wasser auszuwringen.
Die Flüssigkeit füllen Sie in eine Wasserpistole oder (muss nicht so oft nachgefüllt werden) in eine am besten neue Blumenspritze. Achtung: In einer Blumenspritze darf vorher kein Düngemittel oder Ähnliches benutzt worden sein.
Eine größere geteerte oder gepflasterte Fläche ohne Ablenkung ist für den Beginn von Vorteil. Besonders Parkplätze großer Firmen nach Feierabend eignen sich. Vorsicht bei Schulhöfen: Hier liegt meistens auch etwas Abfall herum, der eine zu große Ablenkung darstellt. Außerdem darf es natürlich nicht regnen!

Wasserspur – Suchen auf Teer

Anleitung

Schritt 1:
Die Spur wird aufgesprüht

Sprühen Sie eine zusammenhängende duftende Spur. Einige Meter geradeaus sind zunächst völlig ausreichend! Ans Ende der Spur legen Sie ein Leckerchen eventuell versteckt hinter einem Stein etc. Noch besser wäre es, Sie würden am Ende der Spur clicken und der Hund erhält das Leckerchen aus Ihrer Tasche. Der Vorteil dabei ist, dass er das Leckerchen dann nicht schon von weitem sehen kann.

Legen einer Wasserspur.

Lassen Sie ihn beim Sprühen der Fährte nicht zusehen, wenn Sie ein Leckerchen auf den Boden legen wollen. Sonst versucht er nur, gleich dorthin zu kommen.

Ihr Hund darf nun im Anschluss an die Sprühaktion gleich suchen. Die Spur ist dabei natürlich noch zu sehen. Der Hund wird also auch mit den Augen suchen (zumindest nehmen wir das als Mensch an), was aber als Hilfe zu Beginn legitim ist.

Den Schwierigkeitsgrad können Sie steigern

- Die Fährte wird länger und kurvenreicher.
- Die Fährte bleibt länger „liegen", im Sommer auch so lange, bis die Spur verdunstet und nicht mehr zu sehen ist.

SPIELE FÜR CLEVERE

- 125 HÜTCHENSPIEL
- 126 DER STRICK
- 127 SPIEL-ANLEITUNG

HÜTCHENSPIEL

Hier handelt es sich einfach nur um ein Spiel, das Ihnen und Ihrem Hund Spaß machen soll.

Voraussetzungen und Hilfsmittel Sie benötigen Leckerchen und drei oder mehrere Plastikschüsseln oder Behälter.

Spielanleitung Zeigen Sie Ihrem Hund das Leckerchen. Legen Sie es unter eine der umgedrehten Schüsseln und „mischen" Sie die Schüsseln. Ihr Hund muss die richtige Schüssel suchen.

DER STRICK

Diese Aufgabe zählt zu den anspruchsvolleren und manche Hunde können sie gar nicht lösen. Aber einen Versuch ist es immer wert und vielleicht zählt Ihr Hund ja zu den Hochbegabten?

Lernziel Der Hund zieht einen Gegenstand, der an einer Schnur befestigt ist, zu sich heran (mit Pfote oder Zähnen).

Voraussetzungen und Hilfsmittel Sie benötigen etwas, was Ihr Hund unbedingt haben möchte, also entweder sein heiß begehrtes Lieblingsspielzeug oder einen Kauknochen. Daran befestigen Sie einen etwas dickeren Strick (also nicht gerade einen Bindfaden), mindestens 50 cm lang. Beim ersten Versuch sollten Sie draußen sein, da manche Hunde in ihrer Verzweiflung zu scharren beginnen.

Testen Sie die Intelligenz Ihres Hundes!

Der Strick

Spielanleitung Binden Sie Ihren Hund sicher an (bitte nicht mit einem Zughalsband, am besten wäre ein Brustgeschirr!). Außerhalb seiner Reichweite legen Sie den gewählten Gegenstand hin. Die daran befestigte Schnur reicht bis zu Ihrem Hund. Nun fordern Sie den angebundenen Hund auf, sich den Gegenstand zu holen.

Die meisten Hunde verfallen sofort in wilden Aktionismus: Sie hüpfen, ziehen, bellen, scharren, jaulen. Manche merken dann durch Zufall, dass der Gegenstand beim Scharren mit der Pfote näher kommt, weil sie an der Schnur gekratzt haben. Wie auch immer, feuern Sie Ihren Hund an und lassen Sie ihm Zeit. Falls er aufgibt, können Sie es ihm nach einiger Zeit auch zeigen: Nehmen Sie seine Pfote und ziehen Sie damit die Schnur näher.

Und manche clevere Vierbeiner kommen auch alleine auf die richtige Idee.

ERZIEHUNGSSPIELE FÜR GRUPPEN

- 129 VORAUSSETZUNGEN FÜR GRUPPENSPIELE
- 130 HUNDEWETTRENNEN
- 132 SITZ, PLATZ, FUSS
- 133 EIERLAUF
- 135 DER FUCHS GEHT UM
- 136 DIE REISE NACH JERUSALEM
- 138 SPRÜNGE ÜBER HUNDE
- 140 PICKNICKSIMULATION

VORAUSSETZUNGEN FÜR GRUPPENSPIELE

Eine Warnung vorweg: Spiele mit Hunden in der Gruppe machen sehr viel Spaß, allerdings sollte das auch für die beteiligten Hunde gelten.
Manche Menschen neigen im Eifer des Gefechtes dazu, hektisch und damit vielleicht grob zu werden (Rucke an der Leine, laute Hörzeichen etc.). Dies ist natürlich für die Erziehung allgemein kontraproduktiv und für den Hund nicht besonders lustig. Bei vielen Wettspielen kann man vorbeugen, in dem man eine exakte oder auch die besonders langsame Ausführung „belohnt". Außerdem müssen rassespezifische und individuelle Besonderheiten beachtet werden: Herdenschutzhunde bestehen i.A. auf einem besonders großen Individualabstand und werden schnell gereizt, wenn dieser häufig unterschritten wird. Dies kommt natürlich auch bei anderen Hunden individuell mehr oder weniger ausgeprägt vor.
Hunde, die in ihrem Ausbildungsstand noch nicht genügend weit fortgeschritten sind, sollten an den anspruchsvolleren Spielen nicht teilnehmen. Sie lernen sonst womöglich, dass sie ihren Menschen beim ausgelassenen Treiben ignorieren können und die Befolgung von Hör- und Sichtzeichen inmitten anderer Hunde und Menschen nicht notwendig ist.

Gruppenspiele machen hungrig und müde!

HUNDEWETTRENNEN

Hilfsmittel Stoppuhr(en), Flatterbänder, um Rennstrecke zu markieren, eventuell Würstchen (für erschwerte Bedingungen).

Spielanleitung Hundewettrennen machen den meisten Hunden sehr viel Spaß. Der Ablauf ist einfach: Eine mehr oder weniger lange Strecke wird festgelegt und mit Flatterband markiert.
Der Hund wird von einem Helfer am Start festgehalten und der Besitzer läuft bis zum Ziel, um den Hund dann von dort aus zu rufen und anzufeuern.

Die Festlegung des Siegers erfolgt entweder im K.O.-System, d.h. immer zwei Hunde laufen parallel und der Gewinner kommt eine Runde weiter (bei vielen Hunden sehr zeitaufwändig) oder durch Ermittlung der Zeit. Natürlich sollte beim K.O.-System auf eine möglichst ausgeglichene Zusammenstellung der „Gegner" geachtet werden. Oder es wird durch Los bestimmt.
Wenn Sie je einen Preis für den schnellsten und den langsamsten Hund ausschreiben, können auch kleine und alte Hunde teilnehmen!

Varianten	▸ Der Besitzer läuft mit seinem Hund (frei oder an der Leine, dabei darf der Hund nicht gezogen werden). ▸ Für Fortgeschrittene: Hunde müssen im **SITZ** oder **PLATZ** am Start selbstständig warten.
Unter erschwerten Bedingungen	▸ Auf der Hälfte der Strecke steht ein netter Mensch mit Bratwurst etc. in der Hand und lockt die Hunde… ▸ Die etwas leichtere Variante: Ein Mensch sitzt mit leckerem Wurstbrötchen am Streckenrand, ohne die Hunde anzusprechen.

SITZ, PLATZ, FUSS

Voraussetzungen Die teilnehmenden Hunde beherrschen die Übungen **SITZ** und **PLATZ**.

Spielanleitung

Aufstellung der Teilnehmer

Alle Menschen stellen sich in einer Reihe nebeneinander auf (Hunde angeleint, Fortgeschrittene ohne Leine). Eine Person, der Spielleiter, steht in Entfernung (spannend wird es eigentlich erst ab 30 oder mehr Metern) mit dem Rücken zur Hunde/Menschenreihe.

Der Spielleiter beginnt zu rufen

Der Spielleiter ruft nun laut und langsam: **„SITZ, PLATZ, FUSS!"**. Währenddessen versuchen alle Teilnehmer, mit ihren Hunden so weit wie möglich auf den Spielleiter zu zu laufen. Dabei darf nicht gerannt werden, nur schneller Schritt ist erlaubt.

Der Spielleiter hebt den Arm

Wenn der Spielleiter bei **„FUSS"** angekommen ist, hebt er den rechten oder linken Arm. Vorher wird festgelegt, was dies bedeutet: Beispielsweise rechter Arm: Hunde machen **SITZ**, linker Arm: Hunde machen **PLATZ**.

Je nach Schwierigkeitsgrad dreht sich der Spielleiter mehr oder weniger schnell um. Alle Hunde, die jetzt noch nicht sitzen bzw. liegen, müssen entweder hinter die Gruppe oder bis an die Startlinie zurück. Derjenige, der schließlich beim Spielleiter ankommt, wird sein Nachfolger.

Die Teilnehmer am Start.

„Sitz, Platz, Fuß!"

EIERLAUF

Voraussetzungen und Hilfsmittel

Die Hunde sollten halbwegs ordentlich an der Leine laufen. Der Parcours kann im Schwierigkeitsgrad angepasst, als einfaches Wettrennen oder auch als Hindernislauf gestaltet werden (je nach Ausbildungsstand der teilnehmenden Hunde). Als Hilfsmittel benötigen Sie gekochte Eier!

Spielanleitung

Selbst Hunde, die sehr gut frei **BEI FUSS** laufen können, sollten an die Leine genommen werden! Als kleine Schwierigkeit wird die Leine übers Handgelenk gelegt – und zwar an dem Arm, der auch das Ei trägt. Die zweite Hand darf nicht zur Hilfe genommen werden!

Der Eierlauf mit angeleintem Hund hat den Vorteil, dass keine Zerrerei stattfinden kann. Außerdem dienen sie erbarmungslos der Kontrolle des Ausbildungsstandes.

Möglichkeiten zur Streckengestaltung

- Slalom laufen.
- **SITZ** bzw **PLATZ** an bestimmten Stellen verlangen.
- Agility-trainierte Hunde können auch auf den Agility-Tisch springen. Dies ist besonders schwierig, da die meisten Hunde zum Tisch vorauslaufen wollen!
- Der Mensch setzt sich auf den Stuhl (oder den Agility-Tisch), der Hund muss **SITZ** oder **PLATZ** machen. Handelt es sich ausschließlich um Agility gewohnte Hunde, dann kann es schwierig werden, sie davon abzuhalten, auf den Tisch zu springen.

Wer jetzt noch nicht liegt, muss nach hinten!

Den Eierlauf „spielen" Sie am besten angeleint.

- Der Hund muss vor dem Tunnel sitzen, die Leine wird losgelassen (hierbei darf natürlich die zweite Hand zu Hilfe genommen werden). Der Hund wird durch den Tunnel geschickt, am anderen Ende in Empfang genommen. Man verlangt wieder **SITZ** und leint ihn an.
- Laufsteg und Wippe können ebenfalls eingebaut werden.
- Die Strecke führt an einer Picknickdecke mit Köstlichkeiten vorbei oder muss einmal umrundet werden.
- Die Teams müssen am gefüllten Futternapf vorbeilaufen.

And the winner is...

Wenn der Parcours sehr schwierig gestaltet wird, sollte keine Zeitmessung erfolgen, sondern diejenigen, die durchkommen, haben gewonnen. Beim Herunterfallen des Eis sollte auch zwei- bis dreimal (bei Anfängern ruhig auch noch öfter) die Möglichkeit gegeben werden, weiterzulaufen.

DER FUCHS GEHT UM

Voraussetzungen und Hilfsmittel

Die teilnehmenden Hunde sind leinenführig und beherrschen SITZ. Auch hier gelten die grundsätzlichen Voraussetzungen für Gruppenspiele (siehe S. 129). Der „Fuchs" benötigt einen Gegenstand zum Fallen lassen.

Spielanleitung

Hundebesitzer und Hunde bilden einen Kreis

Alle Hundebesitzer stehen im Kreis mit Blickrichtung nach innen. Die Hunde sitzen angeleint (oder frei je nach Ausbildungsstand) neben ihnen. In der Mitte steht ein Spielleiter, der die Einhaltung der Regeln überwacht.

Der „Fuchs" läuft mit Hund außen herum

Der erste „Fuchs" (muss vorher ausgelost werden) hat einen kleinen Gegenstand und geht mit seinem Hund neben sich außen um den Kreis herum. Hinter einem beliebigen Mitspieler lässt er den Gegenstand möglichst unauffällig fallen und geht weiter. Sobald dies von dem jeweiligen Menschen bemerkt wird, nimmt dieser den Gegenstand auf und läuft mit seinem Hund hinter dem Fuchs her und versucht, ihn einzuholen.
Wenn der „Fuchs" eingeholt wird, bekommt er den Gegenstand und muss es nochmals versuchen. Erreicht aber der „Fuchs" die neu entstandene Lücke im Kreis, bevor er eingeholt wird, ist der Träger der neue „Fuchs" und muss weitermachen.

Achtung: Schritttempo einhalten!

Es ist nur Schritttempo erlaubt, keinesfalls darf gerannt werden. Sonst wird es nur eine hektische Zerrerei, die vielleicht den Menschen, in den seltensten Fällen aber den Hunden Spaß macht.

Erziehungsspiele für Gruppen

DIE REISE NACH JERUSALEM

Voraussetzungen und Hilfsmittel Bei diesem Klassiker gibt es viele Variationsmöglichkeiten, die gut dem individuellen Ausbildungsstand der Gruppe angepasst werden können:
Es kann auch ohne Stühle gespielt werden, aber natürlich auch ganz klassisch mit! Die Variante mit Stühlen ist gut geeignet für Hunde, die noch nicht so weit sind, dass sie in der Hektik **SITZ** oder **PLATZ** zeigen können.

Die Reise nach Jerusalem

Diese Teilnehmer „spielen" angeleint. Wenn die Hunde sehr gut ausgebildet sind, geht es auch ohne Leine.

Spielanleitung Alle Hundebesitzer gehen im Kreis (je nach Ausbildungsstand sind die Hunde angeleint oder nicht).
Die Spielleitung bedient die Musik. Hört die Musik auf, müssen

- alle Hunde sitzen oder
- alle Hunde liegen oder
- alle Hunde sitzen und die Menschen sitzen ihnen gegenüber im Schneidersitz. Diese Variante ist nur geeignet, wenn ungefähr alle menschlichen Beteiligten gleich sportlich – oder gleich unsportlich – sind.

Variante Wenn keine Musik vorhanden ist, kann der Spielleiter auch **SITZ** oder **PLATZ** rufen. Schwieriger wird es, wenn man anstelle von **SITZ** oder **PLATZ** andere Wörter verwendet (deren Bedeutung natürlich vorher vereinbart wird) oder die Bedeutung von **SITZ** und **PLATZ** vertauscht wird.
Wenn man Wettbewerbscharakter einführen möchte, scheidet derjenige aus, der die Übung als letzter ausführt.

SPRÜNGE ÜBER HUNDE

Lernziel
Ein Hund springt über einen oder mehrere andere stehende oder liegende Hunde hinweg.

Voraussetzungen und Hilfsmittel
Der „Springer" sollte das Hörzeichen **HOPP** schon gut kennen und gerne befolgen. Die „Hindernishunde" müssen sich gut mit allen anderen Beteiligten vertragen und sehr gut kennen und natürlich die Hörzeichen **PLATZ** oder **STEH** zuverlässig befolgen. Wenn ein Agility-Hindernis oder ein anderes Sprunghindernis (höhenverstellbar) vorhanden ist, kann es sehr gut als Hilfsmittel benutzt werden.

Anleitung

Schritt 1:
Der „Hindernishund" liegt im PLATZ

Beginnen Sie damit, dass der „Hindernishund" im Platz liegt. Nun laufen Sie mit dem angeleinten „Springer" langsam an ihm vorbei und ermuntern Ihren Hund, darüber zu hüpfen. Rennen Sie nicht, da der liegende Hund sonst womöglich Angst bekommt, dass Sie auf ihn treten. Eventuell kann der „Springer" auch ins **SITZ** vor den liegenden Hund gesetzt werden. Rechts und links von dem liegenden Hund steht ein Mensch oder ein Karton etc.

Falls der liegende Hund unsicher wird, sollte jemand bei ihm knien und ihn während des Liegens loben und eventuell mit

Eine wichtige Voraussetzung:
Die beiden Hunde müssen sich gut verstehen.

Leckerchen füttern. Dies geht allerdings nur, wenn der Springer nicht so verfressen ist, dass er mitten im Sprung abbricht und sich womöglich noch mit dem anderen Hund um das Leckerchen streitet.

Variante: Verwenden Sie ein Agility-Hindernis

Einfacher wird es, wenn Sie ein Agility-Hindernis haben und der „Springer" diese Hindernisse gewohnt ist. Legen Sie den anderen Hund ins **PLATZ** und bauen das Hindernis über ihm auf. Eine Stange sollten Sie nur verwenden, wenn Sie auch sicher sind, dass die Stange nicht gerissen wird. Als nächstes lassen Sie einen der Ständer weg und dann schließlich den anderen.
Gehen Sie nicht zu schnell vor und sparen Sie nicht mit Lob. Üben Sie nicht so lange, bis die beteiligten (insbesondere der liegende Hund) Hunde den Spaß an der Sache verlieren. Lassen Sie den liegenden Hund zwischendurch immer wieder aufstehen und kurz toben, damit er eventuell entstehende Spannungen abbauen kann.

Schritt 2: Der „Hindernishund" steht

Kann der „Hindernishund" zuverlässig **STEH**, sieht die Übung natürlich spektakulärer aus. Sollte die Übung mit **PLATZ** schon gut (auch ohne Hindernisüberbau) klappen, sollten Sie beim **STEH** zumindest die Ständer wieder verwenden.

Erziehungsspiele für Gruppen

Schritt 3:
Sprung über mehrere Hunde

Möchten Sie mehrere Hunde überspringen lassen, müssen Sie die Übung erst mit jedem einzelnen Hindernishund üben. Erst wenn dies gut klappt, können Sie mehrere Hunde verwenden.

> **ZIRKUSREIFE LEISTUNGEN**
>
> Spektakulär wird es natürlich, wenn ein Hund mehrere Hunde auf einmal überspringt. Von der Sprungkraft her ist dies für die meisten gerne springenden Hunde kein Problem. Schwieriger wird es für die Hindernishunde, dicht nebeneinander stehen zu bleiben. Mit viel Geduld ist es allerdings auch möglich.
> Eine besonders schöne Variante ist es, wenn der Springer sich am Ende der Reihe einreiht und der letzte stehende Hund nun die anderen Hunde überspringt usw.

PICKNICKSIMULATION

Lernziel
Gehorsam angesichts einer verführerischen Picknickdecke.

Voraussetzungen und Hilfsmittel
Sie benötigen eine Decke, ein paar Hilfspersonen und möglichst verführerisches Essen (Wurstbrötchen, Käse etc.). Diese Übung kann im Hundeverein sehr gut anlässlich eines Grillfestes durchgeführt werden…
Besonders gute Leckerchen als Jackpot für die Hunde sollte jeder Besitzer selbst eingesteckt haben!

Picknicksimulation

Anleitung

Lassen Sie die Hunde bei den Vorbereitungen nicht zusehen. Realistischer wird die ganze Übung, wenn sie nicht auf dem Übungsgelände, sondern in einem Park oder auf einer Wiese durchgeführt wird.

Einige Personen sitzen auf der Decke und haben das Essen zwischen sich ausgebreitet bzw. essen es. Die Hunde kommen mit ihren Besitzern nun einzeln um die Ecke (je nach Ausbildungsstand mit oder ohne Schleppleine). Wiederum je nach Ausbildungsstand der Hunde führt der Weg mehr oder weniger dicht an der Picknickgruppe vorbei.

Der Hund wird mit **NEIN** davon abgehalten, sich der Decke zu nähern (belohnen nicht vergessen). Dies ist eigentlich die schlechteste Variante, da der Hund kein Alternativverhalten angeboten bekommt.

Unten durch – so geht es auch.

Fast schon zirkusreif.

Besser ist es, den Hund entweder heranzurufen und ihn mit **FUSS** oder Beschäftigung an der Gruppe vorbeizulotsen.

Variante 1:
Für Fortgeschrittene

Ist der Hund schon fortgeschritten in der Ausbildung, kann er durchaus auch von den Personen auf der Decke gelockt werden (diese sollten dann natürlich nicht mit dem Hund befreundet sein).

Variante 2:
Auf dem Erziehungsspaziergang

Als „kleinere" und weniger aufwändige Variante kann auf einem Erziehungsspaziergang etwas besonders Verlockendes am Wegrand deponiert werden.

SPORT UND SPIEL – WEITERE BESCHÄFTIGUNGSMÖGLICHKEITEN

- 143 FÜR JEDEN HUND
- 143 FUTTERBÄLLE
- 144 FÜR SPORTLICHE TYPEN
- 144 FAHRRADFAHREN
- 147 ROLLER- ODER WAGENFAHREN
- 148 PACKTASCHEN

FÜR JEDEN HUND

Futterbälle

Natürlich sind viele Tricks sehr zeitaufwändig und nicht immer hat man die nötige Zeit und Geduld dazu. Es gibt aber noch viel mehr Möglichkeiten, unterforderte Hunde zu beschäftigen.

Eine wunderbare Möglichkeit sind sog. Futterbälle, die es mittlerweile in vielen Variationen gibt.

Sie erhalten im Handel große und kleine Bälle, Würfel oder Biskuitbälle, mit und ohne Quietschfunktion. In diese Bälle werden Leckerchen (Trockenfutter) gefüllt, die beim Umherrollen Stück für Stück herausfallen. Bei den komfortableren Modellen kann die Öffnung sogar verstellt werden. Spielt Ihr Hund das erste Mal damit, machen Sie die Öffnung ganz weit, damit viele Futterbröckchen herausfallen und Ihr Hund ein Erfolgserlebnis hat.

Die Biskuitbälle haben sogar mehrere verschieden große Öffnungen und sind dazu gedacht, größere Hundekekse oder Kauknochen hineinzustecken. Hier muss der Hund daran nagen und versuchen, die Knochen herauszubekommen. Diese Bälle sind sehr gut für die Wohnung geeignet.

TIPP
Achtung: Auf glatten Böden machen die meisten Modelle einen Heidenlärm! Bodenvasen und Glasvitrinen sind ebenfalls stark gefährdet! Die „ruhigste" Variante ist der Würfel (da er nicht so viel Tempo bekommt) auf Teppichboden. Ansonsten muss man eventuell in den Garten oder Hof ausweichen.

Sport und Spiel – weitere Beschäftigungsmöglichkeiten

Basteln Sie für Ihren Hund!

Und natürlich gibt es auch die Möglichkeit, Ihrem Hund aus Zeitungs- und Packpapier und Karton eigene „Überraschungspakete" zu basteln. Wickeln Sie einfach einen besonders leckeren Hundekeks in Papier oder Kartons ein (lassen Sie beim ersten Mal Ihren Hund zusehen).
Aber Achtung: Bevor Sie dies beginnen, sollten Sie sich sicher sein, dass in Ihrer Wohnung sonst keine Pakete mit Kartons etc. herumstehen. Ihr Hund könnte sonst auf den Gedanken kommen, auch diese auszupacken...

Ihr Hund macht alle Bälle kaputt?

Versuchen Sie es doch einmal mit den Bällen von Dr. Mugford. Er hat wirklich „unkaputtbare" Hartplastikbälle entwickelt, die bis jetzt noch keiner unserer Hunde zerstört hat (selbst unser „Kaputtnik" Dobermann Brian nicht). Die Bälle müssen allerdings so groß gewählt werden, dass Ihr Hund sie nicht ins Maul nehmen kann.

FÜR SPORTLICHE TYPEN

Fahrradfahren mit dem Hund

Fahrradfahren ist für gesunde und bewegungsaktive Hunde (bitte vorher tierärztlich überprüfen lassen!) eine gute Möglichkeit, sie körperlich auszulasten. Einige wichtige Punkte sind aber zu beachten:

Fast alle Hunde lieben Futterbälle und –würfel.

Regeln beim Fahrradfahren

- Keinesfalls dürfen Sie zu früh mit dem Fahrradfahrer beginnen. Im Durchschnitt sollte Ihr Hund mindestens 12 Monate alt sein (bzw. die Wachstumsphase abgeschlossen sein, bevor er Sie regelmäßig am Fahrrad begleiten kann). Diese Zeit kann aber je nach rassespezifischer und indivi-dueller Entwicklung auch erheblich variieren. Sie sollten sich von Ihrem Tierarzt das O.K. holen.
- Führen Sie Ihren Hund nicht ohne oder mit normaler Leine am Fahrrad. Selbst ein kleiner Hund kann Sie mit einem unvermittelten Satz aus dem Gleichgewicht bringen! Die sicherste Alternative ist ein Fahrradhalter, beispielsweise der Marke „Springer". Dieser gleicht kleinere und größere Hüpfer Ihres Hundes aus. Große und kräftige Hunde können zusätzlich noch mit einer Leine und Kopfhalfter geführt werden.

SO GEWÖHNEN SIE IHREN HUND AN DEN SPRINGER

Die Gewöhnung an den Springer ist sehr einfach. Zuerst führen Sie Ihren Hund neben dem Fahrrad her, das entweder Sie selbst oder eine weitere Person schiebt. Dann wird der Hund am Springer befestigt (eventuell für die ersten Meter noch zusätzlich mit einer weiteren kurzen Leine, die Sie in der Hand halten). Bei den allermeisten Hunden ist es schon nach einigen Minuten möglich, aufzusteigen und loszufahren.

- Üben Sie in einer ruhigen Seitenstraße oder auf einem Parkplatz Kurven und Anhalten. Sparen Sie nicht mit Lob und Leckerchen!
- Übertreiben Sie es nicht mit dem Training. Achten Sie immer darauf, Ihren Hund nicht körperlich zu überfordern.
- Körperliche Bewegung ist nicht alles. Ihr Hund braucht für sein Wohlbefinden auch die Möglichkeit, zu schnuppern und Sozialkontakte zu pflegen. Ausschließliches Fahrradfahren am Springer ist also nicht ausreichend als Spaziergangsersatz. Als Ergänzung ist es aber eine gute Möglichkeit!
- Zieht Ihr Hund stark am Fahrrad oder soll er gar ziehen, sollten Sie ein Brustgeschirr verwenden. Bremsen können Sie wieder über eine zusätzliche Haltileine.
- Manche Fahrer bevorzugen es, den Hund vor dem Fahrrad ziehen zu lassen. Hierzu sollten Sie einen Ruckdämpfer in Kombination mit einem Brustgeschirr verwenden. Und natürlich muss Ihr Hund gerne ziehen und gut erzogen sein!

Wenn Sie mit zwei Hunden Radfahren, müssen beide sehr gut erzogen sein.

Für sportliche Typen | 147

Roller- oder Wagenfahren

Rollerfahren

Eine Alternative zum Fahrradfahren ist es, den Hund einen Roller für Erwachsene ziehen zu lassen. Natürlich sollten Sie hierzu nicht unbedingt einen der Cityroller verwenden, sondern ein geländetaugliches Modell. Hier kommt die beim Fahrradfahren beschriebene Variante ins Spiel: Brustgeschirr und Ruckdämpfer.

Wagenfahren

Wagenfahren erfordert schon einen oder mehrere große und kräftige Hunde. Es gibt sehr komfortable und leichte Modelle wie z.B. den Sacco-Cart oder Trainingswagen aus dem Schlittenhundebereich. Leider sind diese auch sehr teuer. Bevor Sie sich hierfür entscheiden, empfehlen sich einige Probestunden, damit Sie testen können, ob Ihr Hund überhaupt Spaß an der Sache hat.

Packtaschen

Sehr praktisch für Wanderungen sind Packtaschen für Hunde. Es gibt sie mittlerweile in allen möglichen Größen und Modellformen, selbst für relativ kleine Hunde. Achten Sie bei dem Kauf auf eine gute Verarbeitung. Die billigeren Modelle flattern leider leicht beim Traben und schlagen dem Hund dann ständig in die Flanken. Luxusmodelle gibt es sogar mit eingebautem Trinkwassertank für den Hund.

Zur Gewöhnung gibt es eigentlich nicht viel zu sagen. Die meisten Hunde benötigen gar keine. Man kann ihnen die Packtaschen umschnallen, viel loben und los geht's. Mit dem Befüllen der Packtaschen sollten Sie allerdings doch einige Tage Gewöhnung abwarten.

Sehr fitte und gut trainierte Hunde können bis zu 1/3 ihres Körpergewichtes tragen. Dies setzt aber ein gutes aufbauendes Konditionstraining voraus.

> **FRISBEE – DAS PURE VERGNÜGEN**
> Frisbeescheiben fangen ist für manche Hunde ein wahres Vergnügen. Achten Sie bitte beim Kauf auf ein hundetaugliches Modell mit weichen Kanten (hartes Plastik hat schon manchem Hund ausgeschlagene Zähne beschert!). Sprünge, wie man sie manchmal aus amerikanischen Wettbewerben sieht, sollten Sie Ihrem Hund nur bei allerbester Gesundheit nach Einverständnis Ihres Tierarztes und auch dann nur selten zumuten!

Zu solchen Sprüngen sollte nur ein absolut gesunder Hund „verführt" werden und auch dann nicht zu oft.

Für sportliche Typen

SERVICE

- 151 ZUM WEITERLESEN
- 152 REGISTER
- 155 HUNDE-SCHULEN
- 156 NÜTZLICHE ADRESSEN
- 157 AUTORINNEN

ZUM WEITERLESEN

Bloch Günther,
Der Wolf im Hundepelz – Hundeerziehung aus einer anderen Perspektive, Westkreuz-Verlag, 1997
Der Familienbegleithund im modernen Hausstand, Westkreuz-Verlag, 2001

Donaldson Jean,
Hunde sind anders, Kosmos-Verlag, 2000

Hoefs Nicole, Petra Führmann,
Das Kosmos-Erziehungsprogramm für Hunde, Kosmos-Verlag, 1999

Hoefs Nicole, Petra Führmann, Perdita Lübbe-Scheuermann,
Das Kosmos-Erziehungsprogramm für Hunde. Das Video, Kosmos-Verlag, 2001

Lind Eckard,
Richtig spielen mit Hunden, Augustus-Verlag, 1997

Niepel Gabriele
Welpenspielstunde, Müller Rüschlikon, 2001
(Buch und Video)

Pietralla Martin,
Clicker-Training für Hunde, Kosmos-Verlag, 2000

Pryor Karen,
Positiv bestärken - sanft erziehen, Kosmos-Verlag, 1999

Schöning, Dr. Barbara,
Hundeverhalten, Kosmos-Verlag, 2001

Van Schewick Manuela,
Der richtige Hund für mein Kind, Augustus-Verlag, 2000

Van Schewick Manuela, Perdita Lübbe-Scheuermann,
Der Hund als Reitbegleiter, Cadmos-Verlag, 2002

Wegmann Angela, Wilfried Heines,
Such und Hilf! Kynos-Verlag, 1989

Winkler Sabine,
So lernt mein Hund, Kosmos-Verlag, 2001

REGISTER
Erziehungskommandos sind in Großbuchstaben hervorgehoben

Ablauf variieren 92, 100
Ablenkung mit der Reizangel 24
Ablenkungsreize 38
Abrufen aus dem Spiel 10
Abrufen durch die Futtergasse 13
Abrufen vom Futternapf 11
Agility-Hindernis 139
Alternativen bei Suchspielen 108
APPORT 99
Apportieren 87
Apportiergegenstände 98
AUS 78, 89, 95

Ball balancieren 84
BEI FUSS 26
Bei Fuß ohne Leine 26
Bellen 48
Belohnung 9
Beschäftigungsmöglichkeiten, weitere 142
Beten 71
Betstellung 72
Biskuitbälle 143
Blauer Fleck 73
BLEIB 14
Blickfeld des Hundes 16
Bogen 117
Bringen verschiedener Gegenstände 99
BRINGS 87, 97

Brustgeschirr 127, 146

Clicker 43
Clickertraining 30

Diensthundeausbildung 27
Dummy 94
Dummy werfen 97
DURCH 60

Eierlauf 133
Eigenidentifikation von Gegenständen 120
Erziehungsspaziergang 141
Erziehungsspiele für Gruppen 128

Fahrradfahren 144
Fahrradhalter 145
Fährtenabgang 111
Fährtenarbeit 111
Fährtenlänge steigern 116
FALSCH 43
FEST 87, 94
Flatterbänder 62
Fliegendes Leckerchen 69
Formen 45
Frei suchen 103
Freie Suche nach Menschen 104
Freies Stehen auf dem Ball 85
Freilauf 26
Frisbee 148

Fuchs geht um 135
FUSS 32, 132
Futterbälle 143
Futtermenge
kontrollieren 108

Gegenstände verlieren 118
GEH WEG 38
GEH ZUM FLECK 77
Gehorsamtraining 39
Gruppenspiele 129
GUCK MAL 106
GUT 43

Heranrufen 10
Herdenschutzhunde 129
HIER 9, 12
HIERHER 12
Hindernishund 138
HOL'S 70
HOPP 60
HOPP REIFEN 60
Hörzeichen 47
Hundekuchen 23
Hundewettrennen 130
Hütchenspiel 125

Identifikation von
Gegenständen 120
Interesse wecken 45

JA 43, 75
Jackpot 10
JUMP 68

KOMM 12
Kommen aus schwierigen
Situationen 9
Kontrollübungen 60
Kurven 30

LAUF 9, 99
Lawinenhunde 103
Leckerchen-Methode 28

MACH DIE SCHUBLADE
AUF 77

Nasenarbeit 102
NEIN 38, 43
NIMM'S 11

Ohne Leine laufen lassen 26

Packtaschen 148
PENG 81
Pfeifsignal 18
Pferdebegegnungen 35, 37
PFOTE 82
Phlegmatisches Tier 31
Picknicksimulation 140
PLATZ 12, 132
Platz auf Entfernung 14
Platz aus der Bewegung 17

Rechnen lernen 50
REIFEN 60
Reise nach Jerusalem 136
Reitbegleithund 35
Reizangel 24

Riechvermögen 103
Rolle 51
Rollerfahren 147
Ruckdämpfer 146
Rufen 9

SCHLIESS DIE TÜR 77
Schwierigkeitsgrad
steigern 96
Sehvermögen des Hundes 16
Shaping 47
Sich schämen 53
SITZ 11, 132
Sitz und Platz mit
großer Ablenkung 20
Spanischer Schritt 82
Spaziergang 21
Spaziergang mit Hund
und Pferd 36
Spiel 142
Spiele für Clevere 124
Spielzeug als Ablenkung 22
Spielzeug aufräumen 78
Spielzeug zurückbringen 91
Spielzeugkiste 78
Spielzeug-Methode 34
Sport und Spiel 142
Sportliche Hunde 144
Springerhund 138
Sprung durch den Reifen 60
Sprung durch die Arme 66
Sprung durch Papier 62
Sprung in die Arme 67
Sprünge über Hindernisse 58
Sprünge über Hunde 138

Spur legen 123
Spur suchen 103
Strick 126
SUCH 115, 120
Suchen auf Teer 122
Suchspiele 103
Suchspiele mit Futter
und Spielzeug 106

Tabudecke 38
Targetstick 44
Tauschmethode 89
Timing 29
TOTER HUND 81
Tricks 42

Üben an der dünnen
Leine 32
Üben an einem Bindfaden 33
Übungen beim Reiten 36

Variable Belohnung 9
Variation 92
Verhalten formen 43, 76
Verstecken 104
Voraussetzungen
für Gruppenspiele 129
Vortrag halten 71
Vortragsposition 72

Wagenfahren 147
Wasserspur 122
Wassersuchhunde 103
WEAVE 56
Wendungen 30

Werfen von zwei
Gegenständen 100
Wettlauf zum Spielzeug 90
Wiederholungen 91
Winkel 118
Wundernase 103

Zählen 48
Zeitungsstreifen 63
Zerrspiele 93
Zickzack durch die Beine 55
Zirkusreif 140
Zurückbringen
an der Leine 91

HUNDESCHULEN
Empfohlen von den Autorinnen

Hundeschule Aschaffenburg
Petra Führmann und Iris
Franzke GbR
Elsässer Str. 6
63739 Aschaffenburg
Tel. 06021/20156
info@hundeschule-ab.de

www.hundeschule-ab.de
(Ausführliche Beschreibung
unserer Hundeschule,
Seminartermine,
Ratgeberforum und
Zubehörshop).

Die Hundeschule Aschaffenburg ist Mitglied in der
Interessengemeinschaft
unabhängiger Hundeschulen.
www.ig-hundeschulen.de

Hunde-Akademie
Perdita Lübbe
Hauptstr. 18
64380 Roßdorf-
Gundershausen
Tel. 06071/42324
info@hundeakademie.de
www.hundeakademie.de

1x1 Hundewissen
Peter Ziegler
Klingenstraße 4
73779 Deizisau
Tel.: 07153/21946
www.kynos.de

Familienhunde-Schule
Maren Kreibohm
Parforceheide 91
14163 Berlin
Tel.: 030/80604979
Fax: 030/80604979

Hundeleben
Bettina und
Michael Bannes-Grewe
Jettkamp 1
24576 Bad Bramstedt
Tel.: 04192/9513
Fax: 04192/897639
bannes-grewe@t-online.de

DOG COLLEGE
Teesdorferstrasse 7
A-2523 Tattendorf bei Baden
Tel: +43/02253/805030
Fax: +43/02253/80326
Mobil: 0664/1302001
office@dogcollege.at
www.dogcollege.at

NÜTZLICHE ADRESSEN

Gesellschaft zum Schutz
der Wölfe e.V.
Dr. Peter Blanché
Riedstraße 14
85244 Riedenzhofen
Tel.: 08139/1666
Fax: 08139/995804
www.gzsdw.de

Gesellschaft für
Haustierforschung e.V.
Eberhard Trumler-Station
Wolfswinkel 1
57587 Birken-Honigsessen
Tel. 02742/6746
Fax 02742/8523
www.gfhwolfswinkel.de

TASSO
Haustierzentralregister für die
BRD e.V.
Frankfurter Straße 20
65795 Hattersheim
www.tiernotruf.org

Hundefarm Eifel
Günther Bloch
von Goltsteinstr. 1
53902 Bad Münstereifel
Tel.: 02257/7441
Fax: 02257/952660

Hundepädagogische
Beratungsstelle
Dr. Gabriele Niepel
Berenskamp 5e
33611 Bielefeld
Tel.: 0521/8751805
Fax: 0521/8751805

DIE AUTORINNEN

Petra Führmann und Nicole Hoefs gründeten 1992 die „Hundeschule Aschaffenburg", in der moderne und effektive Erziehungsmethoden die wichtigsten Bestandteile ihrer Arbeit sind. Sie bieten individuellen Einzelunterricht, Gruppenkurse, Welpenfrüherziehung, Verhaltensberatung und Beratung vor dem Hundekauf an. In ihrer Hundeschule lernt nicht nur der Hund, sondern auch der Mensch.

Petra Führmann

Petra Führmann ist zudem öffentlich bestellte und vereidigte Sachverständige für das Hundewesen in Bayern.

Nicole Hoefs

Im Kosmos-Verlag sind bereits ihr erfolgreiches Buch „Das Kosmos-Erziehungsprogramm für Hunde" und ein Video zur Hundeerziehung erschienen, das ihre Methode filmisch Schritt-für-Schritt veranschaulicht.

Verlag und Autorinnen danken außerdem Iris Franzke, die seit 1995 in der „Hundeschule Aschaffenburg" arbeitet und heute Mitinhaberin ist. Sie hat die Fotoaufnahmen zu diesem Buch mit betreut.

Iris Franzke

SCHICKEN SIE UNS IHRE BESTEN FOTOS!

Liebe Leserinnen und Leser,
sicher kann auch Ihr Hund viele tolle Tricks oder Sie üben mit ihm gerade etwas Neues ein. Machen Sie doch einfach ein Foto und schicken Sie es an unsere Hundeschule (gerne auch per e-mail). Die schönsten und lustigsten Fotos veröffentlichen wir dann auf unserer Homepage. Wir sind schon sehr gespannt.

Fotos bitte senden an:
Hundeschule Aschaffenburg
Elsässer Str. 6
63739 Aschaffenburg

info@hundeschule-ab.de
Homepage:
www.hundeschule-ab.de

KOSMOS

Buch und Video

Erziehungstipps –
aus der Praxis für die Praxis

Kommt Ihr Hund mit fliegenden Ohren angerannt, wenn Sie ihn rufen? Bleibt er auf Kommando liegen und wartet, bis Sie ihn wieder abholen? Begleitet er Sie bei all Ihren Unternehmungen als begeisterter, unkomplizierter Freizeitpartner? Das Kosmos Erziehungsprogramm erklärt Ihnen, wie Sie Ihren Hund mit sanften Methoden zu einem gehorsamen und fröhlichen Gefährten ausbilden.

▸ Mit detaillierten Übungsplänen für jedes Kommando

Hoefs/Führmann
Das Kosmos Erziehungsprogramm für Hunde

240 Seiten
400 Abbildungen
gebunden

ISBN 3-440-07775-6

€ 26,90
€/A 27,70; sFr 45,30
Preisänderung vorbehalten

Das Video zum Buch

Hier erwacht ein Buch zum Leben! Wie auch das Buch, zeigt das Video Schritt für Schritt, wie Hunde mit Lob und Spaß richtig erzogen werden. Die Grundlagen der Hundeerziehung, aber auch die richtigen Umgangsformen mit dem Hund werden verständlich und leicht nachvollziehbar vorgeführt.

Hoefs/Führmann/
Lübbe-Scheuermann
Das Kosmos Erziehungsprogramm für Hunde

VHS-Video
Laufzeit ca. 45 Minuten

ISBN 3-440-09011-6

€ 34,90*
*unverbindliche Preisempfehlung

www.kosmos.de

KOSMOS

Hundeerziehung

Jeder Hund kann folgen lernen

Beißen, bellen, buddeln – für jedes Problem gibt es eine Lösung. Petra Führmann und Iris Franzke erläutern die häufigsten Probleme wie Aggression, Betteln, Jagen, Anspringen, Trennungsangst oder Unsicherheit. Anhand von Fallbeispielen werden die Ursachen aufgezeigt und Schritt für Schritt mögliche Lösungen beschrieben. Denn – jeder Hund kann folgen lernen!

▶ Hundeerziehungsprobleme leicht und sicher lösen

Führmann/Franzke
Erziehungsprobleme beim Hund

176 Seiten, ca. 240 Farbfotos, gebunden
ISBN 3-440-09478-2

€ 22,90
€/A 23,60; sFr 38,60
Preisänderung vorbehalten

www.kosmos.de

TRAININGSKARTEN FÜR DRAUSSEN

- KOMMEN
- PLATZ
- SITZ
- FUSS
- SLALOM
- TARGETSTICK
- SPRUNG
- DER BLAUE FLECK
- SPANISCHER SCHRITT
- GEGENSTÄNDE BRINGEN
- VERSTECKSPIEL
- FÄHRTENARBEIT
- EIERLAUF
- DER FUCHS GEHT UM
- EIGENIDENTIFIKATION
- ROLLE

Trainingskarte für draußen

KOMMEN AUS SCHWIERIGEN SITUATIONEN

KOMMEN
Mehr zum Thema finden Sie im Buch auf S. 9

Um das zuverlässige Herankommen auch aus wirklich schwierigen Situationen heraus zu erreichen, sollte man bei der Belohnung abwechslungsreich und interessant bleiben (z.B. durch Suchspiele, Jackpot, Rennen, Beutespiele).

1 Gehen Sie mit einer Gruppe (zu Beginn vielleicht nur mit einer Person samt Hund) spazieren.

2 Entfernen Sie sich wortlos von der Gruppe. Kommt Ihr Hund nicht von selbst hinter Ihnen her, dann rufen Sie ihn heran.

3 Ist er bei Ihnen, dann hat er eine große Belohnung verdient.

4 Legen Sie Ihren Hund ins „Platz!". Dann legen Sie vor ihm eine Futtergasse aus, durch die er anschließend mit dem Hörzeichen „Hier!" herangerufen wird.

TIPP
Ein Hundefreund kommt Ihnen entgegen (dies sollten Sie nicht dem Zufall überlassen, sondern wirklich vorher planen). Rufen Sie Ihren Hund zu sich, wenn er auf die Person zuläuft. Wählen Sie die Entfernung nur so weit, dass es auch wirklich klappt.

© Franckh-Kosmos Verlags-GmbH & Co., Stuttgart 2002
Aus: P. Führmann und N. Hoefs „Erziehungsspiele für Hunde"

Trainingskarte für draußen

PLATZ AUS DER BEWEGUNG

PLATZ
Mehr zum Thema finden Sie im Buch auf S. 14

„Platz!" aus der Bewegung ist der erste Schritt, um später einmal den Hund auf Entfernung ablegen zu können. Erst wenn dies zuverlässig, auch unter großer Ablenkung klappt, können Sie die Entfernung zum Hund langsam steigern.

1 Der Hund läuft an kurzer, durchhängender Leine neben Ihnen.

2 Beugen Sie sich mit deutlichem Sichtzeichen dem Hund entgegen und geben Sie das Hörzeichen „Platz!".

3 Hat sich Ihr Hund hingelegt, loben Sie ihn kräftig. Nun können Sie die Entfernung schrittweise vergrößern. Falls der Hund Ihnen entgegenläuft, laufen Sie ihm mit deutlichem Sichtzeichen selbst entgegen. Dies bremst den Hund i.d.R. aus.

TIPP
Steigern Sie nach und nach die Ablenkung (geben Sie z.B. das Kommando, wenn der Hund gerade an einem Baum schnuppert oder einen anderen Hund sieht).

© Franckh-Kosmos Verlags-GmbH & Co., Stuttgart 2002
Aus: P. Führmann und N. Hoefs „Erziehungsspiele für Hunde"

Trainingskarte für draußen

PLATZ-PFIFF EINFÜHREN

Den „Platz!"-Pfiff sollten Sie erst einführen, wenn zum einen das „Platz!" auch auf Entfernung zuverlässig klappt, und zum anderen der Pfiff für das Herankommen gut etabliert ist.

1 Ihr Hund sitzt vor Ihnen und schaut Sie aufmerksam an.

2 Geben Sie jetzt gleichzeitig das Sichtzeichen „Platz!" und den Pfiff.

3 Unterstützen Sie Ihren Hund eventuell noch durch das Hörzeichen und beugen Sie sich etwas nach unten, so dass der Hund Ihnen folgen kann.

4 Hat der Hund den Pfiff mit dem „Platz!"-Kommando verbunden, können Sie sich langsam etwas entfernen.

TIPP Verlangen Sie nun das Kommando auch aus der Bewegung heraus, z. B. wenn Ihr Hund einem Ball nachspringt und steigern Sie die Entfernung.

> **PLATZ-PFIFF**
> Mehr zum Thema finden Sie im Buch auf S. 18

© Franckh-Kosmos Verlags-GmbH & Co., Stuttgart 2002
Aus: P. Führmann und N. Hoefs „Erziehungsspiele für Hunde"

Trainingskarte für draußen

KOMM-PFIFF EINFÜHREN

Es ist sehr praktisch, wenn Sie Ihren Hund mehrsprachig ausbilden: Hör-, Sicht- und Pfeifensignale können sich sinnvoll abwechseln bzw. ergänzen. Gerade die Pfeife ist auf weite Entfernungen oder bei stürmischem, regnerischem Wetter sehr praktisch, da sie weiter trägt als die menschliche Stimme.

1 Zeigen Sie Ihrem Hund ein rundes Leckerchen und kullern Sie dieses auf einem befestigten Weg (oder auf einer kurzen Wiese) einige Schritte weit weg. Ihr Hund darf sofort hinterher und es erbeuten.

2 Sobald er es gefressen hat, wird er sich erwartungsvoll nach Ihnen umdrehen oder sogar von sich aus schon auf Sie zulaufen. Jetzt zeigen Sie ihm das nächste Leckerchen und gleichzeitig pfeifen Sie (während er sich auf Sie zu bewegt).

3 Sobald er bei Ihnen angekommen ist, bekommt er das Leckerchen und Sie werfen ein zweites. Erneut pfeifen, wenn er zu Ihnen zurückläuft. Dies können Sie einige Male wiederholen.

TIPP Gehen Sie jetzt spazieren und warten Sie eine Situation ab, aus der Ihr Hund sich gewöhnlich problemlos heranrufen lässt. Pfeifen Sie. Falls Ihr Hund nicht sowieso schon erwartungsvoll herankommt, rufen Sie ihn noch und zeigen Sie ihm ein Leckerchen. Natürlich bekommt er es auch, wenn er bei Ihnen ist.

© Franckh-Kosmos Verlags-GmbH & Co., Stuttgart 2002
Aus: P. Führmann und N. Hoefs „Erziehungsspiele für Hunde"

Trainingskarte für draußen

SITZ UND PLATZ MIT GROSSER ABLENKUNG

Wie gut „Sitz!" und „Platz!" auch unter großer Ablenkung klappen, hängt stark von Ihrem Übungsfleiß ab.

1 Sie können z. B. einen Hund ins „Platz!" legen und einen anderen als Ablenkungsquelle nehmen.

2 Spielen Sie mit diesem Hund, z. B. ein Ballspiel. Achten Sie aber darauf, dass der Abstand zwischen dem Spielenden und dem liegenden Hund nicht zu eng ist.

3 Bleibt Ihr Hund ruhig liegen, dann heben Sie mit dem Hörzeichen „Lauf!" die Übung auf und belohnen Sie ihn mit einem begeisterten Spiel.

4 Legen Sie Ihren Hund ins „Platz!" und wedeln Sie mit einer Reizangel (Stock, an dem ein Hundekuchen oder Spielzeug hängt) vor ihm herum. Die Entfernung können Sie mit der Zeit verringern.

TIPP
Üben Sie das „Sitz!" und „Platz!" aus dem Spiel heraus. Werfen Sie z. B. einen Ball (zu Beginn nicht zu weit) und geben Sie das Hörzeichen „Sitz!". Verlangen Sie das Kommando aber nicht, wenn Ihr Hund mit anderen Hunden spielt – das wäre unfair.

© Franckh-Kosmos Verlags-GmbH & Co., Stuttgart 2002
Aus: P. Führmann und N. Hoefs „Erziehungsspiele für Hunde"

SITZ & PLATZ
Mehr zum Thema finden Sie im Buch auf S. 20

1

2

3

4

Trainingskarte für draußen

FUSS MIT LEINE

Trainieren Sie lange Zeit ohne Ablenkung mit einem motivierten, hungrigen Hund! Sie benötigen viele sehr kleine Leckerchen (klein geschnittene Wurst oder Käsebröckchen), die Ihr Hund herunterschlucken kann, ohne zu kauen. Die Übungseinheiten müssen kurz sein (manche Hunde können sich zu Beginn wirklich nur eine halbe Minute konzentrieren!). Geben Sie das Hörzeichen nur dann, wenn Ihr Hund gerade perfekt in der richtigen Position ist. Keinesfalls, wenn er gerade vorprellt oder sonst unaufmerksam ist.

1 Locken Sie den Hund auf die gewählte Seite, und nehmen Sie das Leckerchen in die andere Hand. Locken Sie ihn vorwärts und belohnen Sie ihn zu Beginn wirklich alle paar Schritte (3–5!). Gleichzeitig Hörzeichen „Fuß!" geben.

2 Laufen Sie viele Winkel und Bögen, damit es nicht langweilig wird.

3 Die Dauer der Übung laaaaangsam verlängern und Gabe der Leckerchen noch langsamer verringern (über einige Wochen hinweg)!

TIPP
Konditionieren Sie Ihren Hund auf den Targetstick und üben Sie damit das „Fuß!" (siehe Buch S. 44 ff. und Trainingskarte Targetstick-Training)

© Franckh-Kosmos Verlags-GmbH & Co., Stuttgart 2002
Aus: P. Führmann und N. Hoefs „Erziehungsspiele für Hunde"

FUSS
Mehr zum Thema finden Sie im Buch auf S. 26

1

2

3

Trainingskarte für draußen

FUSS OHNE LEINE

▶ **FUSS**
Mehr zum Thema finden Sie im Buch auf S. 26

Bevor Sie daran denken, ohne Leine zu trainieren, sollten Sie die Ablenkung und die Konzentrationsfähigkeit Ihres Hundes soweit gesteigert haben, wie Sie dies später erwarten. Die meisten Menschen machen den Fehler, es zu früh ohne Leine ausprobieren zu wollen. Leider lernt der Hund dabei oft, dass er ohne Leine das Hörzeichen unter Ablenkung nicht befolgen muss.

1 Befestigen Sie am Halsband des Hundes zusätzlich zur Leine einen Bindfaden (z.B. eine Paketschnur). Das Ende stecken Sie in die Tasche, die Leine haben Sie wie gewohnt in der Hand.

2 Nach einigen Runden nehmen Sie die Leine ab. Beim Umhängen darauf achten, dass der Karabiner nicht am Hund herumbaumelt oder ihm gar gegen den Kopf schlägt.

3 Geben Sie nun wieder das Hörzeichen „Fuß!" und gehen Sie mit Ihrem Hund weiter. Klappt diese Übung gut, können Sie den Bindfaden über den Rücken des Hundes hängen.

© Franckh-Kosmos Verlags-GmbH & Co., Stuttgart 2002
Aus: P. Führmann und N. Hoefs „Erziehungsspiele für Hunde"

Trainingskarte für draußen

SLALOM DURCH DIE BEINE

▶ **SLALOM**
Mehr zum Thema finden Sie im Buch ab S. 55

Falls Ihr Hund zu unsicher ist, sich zwischen Ihren Beinen hindurch zu wagen, sollten Sie es einmal zu Hause mit dem Futternapf versuchen. Stellen Sie sich in die Tür, so dass der Hund nur unter Ihnen hindurch zum Futternapf gelangen kann. Lob nicht vergessen!

1 Beginnen Sie mit dem Hund neben sich. Machen Sie mit einem Bein einen großen Schritt nach vorne und locken Sie Ihren Hund hindurch (Hörzeichen z.B. „Zickzack!" oder „Weavel!"). Lob und Leckerchen nicht vergessen.

2 Machen Sie den nächsten Schritt nach vorne und locken Sie Ihren Hund wieder hindurch usw.

3 Zu Beginn der Übung genügen drei bis vier Schritte. Mit der Zeit können Sie die Anzahl langsam steigern.

© Franckh-Kosmos Verlags-GmbH & Co., Stuttgart 2002
Aus: P. Führmann und N. Hoefs „Erziehungsspiele für Hunde"

Trainingskarte für draußen

TARGETSTICK-TRAINING

Zuerst muss der Hund auf den Clicker oder Ihr Clickerwort (das kann ein „Ja!" oder auch ein Zungenschlag sein) konditioniert werden (der Einfachheit halber werden wir jetzt immer von Click reden).

1 Machen Sie Ihren Hund auf sich aufmerksam, Click und Leckerchen. Dann einfach mehrmals (ca. 10 x) Click und Leckerchen wiederholen. Jetzt zeigen Sie Ihrem Hund den Targetstick. Sobald er hinschaut oder ihn gar mit der Nase berührt (erst einmal egal wo): Click und Leckerchen.

2 Haben Sie Geduld: Die meisten Hund starren zu Beginn meist nur auf die Leckerchen. Bewegen Sie den Stab ein wenig, schmieren Sie ihn mit Wurst ein (damit er duftet) oder berühren Sie zur Not mit dem Stab die Nase des Hundes.

3 Sobald der Hund auch nur das geringste Interesse am Stab zeigt, sofort Click und Leckerchen!

4 Verändern Sie jetzt die Position des Stabes nur ein klein wenig. Wundern Sie sich nicht, wenn Ihr Hund damit Probleme hat, wenn Sie den Targetstick auf die andere Seite nehmen. Mit Geduld und kleinen Positionsveränderungen lernt der Hund, dem Stab zu folgen.

© Franckh-Kosmos Verlags-GmbH & Co., Stuttgart 2002
Aus: P. Führmann und N. Hoefs „Erziehungsspiele für Hunde"

▶ TARGETSTICK
Mehr zum Thema finden Sie im Buch ab S. 44

1

2

3

4

Trainingskarte für draußen

SPRUNG DURCH DEN REIFEN

Der Reifen sollte so groß gewählt sein, dass der Hund bequem hindurchspringen kann. Das Hörzeichen „Hopp!" sollten Sie vorher mit einem normalen Hindernis geübt haben.

1 Stellen Sie den Reifen auf den Boden (am einfachsten geht es, wenn eine zweite Person den Reifen hält). Dann setzen Sie Ihren Hund davor und nehmen Blickkontakt durch den Reifen hindurch auf. Rufen Sie Ihren Hund hindurch.

2 Nach ein, zwei Durchgängen können Sie den Reifen leicht erhöht halten. Hörzeichen „Hoppl" und kräftig loben. Falls Sie den Clicker verwenden, sollten Sie in dem Moment clicken, in dem sich der Hund gerade in der Luft befindet.

3 Steigern Sie langsam die Höhe und Entfernung des Reifens zum Hund. (Aber bitte nicht zu hoch springen lassen!).

© Franckh-Kosmos Verlags-GmbH & Co., Stuttgart 2002
Aus: P. Führmann und N. Hoefs „Erziehungsspiele für Hunde"

▶ SPRUNG
Mehr zum Thema finden Sie im Buch ab S. 60

1

2

3

› Trainingskarte für draußen

▼ SPRUNG DURCH DIE ARME

Bevor Sie mit dem Sprung durch die Arme beginnen, sollte Ihr Hund den Sprung durch den Reifen bereits beherrschen.

1 Sie benötigen für den Sprung durch die Arme eine Hilfsperson, zu der Ihr Hund unbedingt Vertrauen haben sollte, damit Sie ihn durch deren Arme zu sich locken können.

2 Am Anfang sollte die Hilfsperson in die Hocke gehen. Nehmen Sie dann Blickkontakt zu Ihrem Hund auf und rufen Sie ihn mit dem gewohnten Hörzeichen hindurch.

3 Variante: Der Hund läuft zwischen Ihren Beinen hindurch.

4 Dann springt er zusätzlich noch durch Ihre Arme. Bauen Sie diese Übung schrittweise auf, indem Sie ihn erst einmal durch die Beine locken. Klappt dieses gut, können Sie den Sprung durch die Arme hinzufügen.

▼ **SPRUNG**
Mehr zum Thema finden Sie im Buch ab S. 66

© Franckh-Kosmos Verlags-GmbH & Co., Stuttgart 2002
Aus: P. Führmann und N. Hoefs „Erziehungsspiele für Hunde"

› Trainingskarte für draußen

▼ WOZU TARGETSTICK-TRAINING

Sobald der Hund das Berühren des Stabes gut beherrscht, kann man den Stab für alle möglichen Übungen verwenden: „Fuß!"-Training, Voranschicken, usw.

1 Binden Sie den Targetstick z.B. an einem Baum fest und schicken Sie den Hund aus einiger Entfernung mit dem Hörzeichen „Voran!" und dem Sichtzeichen dorthin.

2 Berührt Ihr Hund den Targetstick mit der Nase, dann clicken Sie. Steigern Sie die Entfernung langsam. So lernt Ihr Hund schnell, auf einer geraden Linie zu einem Gegenstand zu laufen.

TIPP
Wenn der Hund den Stab zuverlässig berührt, können Sie damit beginnen, die Ausführung zu verfeinern. Das heißt, Sie können ein weiteres Kriterium einführen: z.B. belohnen Sie jetzt nicht mehr, wenn Ihr Hund in den Stab beißt, sondern nur noch, wenn er ihn berührt. Aber verändern Sie immer nur ein Kriterium auf einmal. Sie können nicht auf einmal verlangen, dass er nicht mehr hineinbeißt und nur noch die Spitze des Stabes berührt.

▼ **TARGETSTICK**
Mehr zum Thema finden Sie im Buch auf S. 44

© Franckh-Kosmos Verlags-GmbH & Co., Stuttgart 2002
Aus: P. Führmann und N. Hoefs „Erziehungsspiele für Hunde"

Trainingskarte für draußen

APPORTIEREN – FESTHALTEN

▶ **APPORTIEREN**
Mehr zum Thema finden Sie im Buch ab S. 94

1 Verwenden Sie bei dieser Übung einen Gegenstand, den der Hund gerne ins Maul nimmt. Setzen Sie Ihren Hund genau vor sich hin und zeigen Sie ihm den Gegenstand. Loben Sie ihn, wenn er daran schnuppert.

2 Öffnen Sie nur ganz vorsichtig das Maul und legen Sie den Dummy hinein. Mit der anderen Hand halten Sie den Hund unter dem Kinn sanft fest und verhindern, dass er den Dummy wieder fallen lässt. Geben Sie Ihrem Hund dabei das Hörzeichen „Fest!".

3 Loben Sie ihn in den höchsten Tönen und nehmen Sie nach einigen Sekunden mit dem Hörzeichen „Aus!" den Dummy wieder in die Hände.

TIPP
Verändern Sie die Position, aus der der Hund den Dummy nehmen muss, bis Sie ihn knapp über dem Boden halten können. Schließlich sind Sie so weit, dass Sie den Dummy auf den Boden legen können und der Hund ihn von dort aufnimmt und ihn zu Ihnen bringt, d.h. er nimmt den Dummy auf und hält ihn Ihnen hin.

© Franckh-Kosmos Verlags-GmbH & Co. Stuttgart 2002
Aus: P. Führmann und N. Hoefs „Erziehungsspiele für Hunde"

Trainingskarte für draußen

DER BLAUE FLECK

▶ **BLAUER FLECK**
Mehr zum Thema finden Sie im Buch ab S. 74

Wählen Sie ein Material, das Sie problemlos kleiner schneiden können (beispielsweise einen blauen Müllsack) oder ein Stück blauen Stoff.

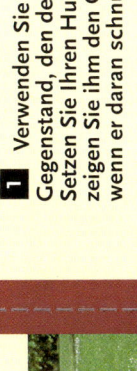

1 Legen Sie den blauen Fleck auf die Wiese und machen Sie Ihren Hund aufmerksam.

2 Zeigen Sie auf den blauen Fleck und rufen Sie bei jeder Annäherung Ihres Hundes ein begeistertes „Ja!".

3 Berührt Ihr Hund den blauen Fleck, dann loben Sie ihn und geben ihm ein Leckerchen.

4 Der Hund wird jetzt nur noch gelobt, wenn er den Fleck berührt.

TIPP
Im Verlauf des Trainings können Sie sich immer weiter vom Fleck entfernen und auch die Position des Flecks verändern. Außerdem können Sie den blauen Fleck Schritt-für-Schritt verkleinern.

© Franckh-Kosmos Verlags-GmbH & Co. Stuttgart 2002
Aus: P. Führmann und N. Hoefs „Erziehungsspiele für Hunde"

Trainingskarte für draußen

APORTIEREN

Beginnen Sie mit dieser Übung erst, wenn der Hund das Festhalten verstanden hat und sicher ausführt.

1 Legen Sie den Dummy zwischen sich und Ihrem Hund auf den Boden.

2 Rufen Sie Ihren Hund heran. Sobald Ihr Hund den Dummy aufnimmt, gehen Sie ein bis zwei Schritte rückwärts.

3 Folgt Ihnen Ihr Hund auch nur zwei Schritte mit dem Dummy im Maul, loben Sie ihn kräftig und nehmen Sie ihm den Dummy aus.

4 Mit der Zeit können Sie den Abstand zwischen sich und dem Hund vergrößern und die Haltedauer des Dummys verlängern.

TIPP
Nimmt Ihr Hund den Dummy vom Boden auf und bringt ihn zu Ihnen, können Sie den Dummy auch ein winzig kleines Stück werfen.

APORTIEREN
Mehr zum Thema finden Sie im Buch ab S. 96

© Franckh-Kosmos Verlags-GmbH & Co., Stuttgart 2002
Aus: P. Führmann und N. Hoefs „Erziehungsspiele für Hunde"

Trainingskarte für draußen

DER SPANISCHE SCHRITT

Bevor Sie mit der Übung des spanischen Schrittes beginnen, müssen Sie Ihrem Hund erst das Winken (Pfote geben) beibringen.

1 Üben Sie daran, dass Ihr Hund das Winken auch aus dem Steh heraus zeigt (alleine dies kann schon einiges an Geduld von Ihnen fordern, da die meisten Hunde sich dabei setzen wollen).

2 Jetzt verlangen Sie auch, dass er abwechselnd die andere Pfote hochnimmt.

3 Arbeiten Sie an Ihrer Position, bis Sie neben dem Hund stehen können und er die Pfote hochnimmt. Nehmen Sie jetzt gleichzeitig Ihr Bein hoch (falls Sie das als Signal wünschen).

SPANISCHER SCHRITT
Mehr zum Thema finden Sie im Buch ab S. 82

© Franckh-Kosmos Verlags-GmbH & Co., Stuttgart 2002
Aus: P. Führmann und N. Hoefs „Erziehungsspiele für Hunde"

Trainingskarte für draußen

FÄHRTENARBEIT

Mehr zum Thema finden Sie im Buch ab S. 111

1

2

3

FÄHRTENARBEIT – FÄHRTE AUSLEGEN

Voraussetzungen: Wetter nicht zu trocken, zu windig, kein starker Regen, kein Frost, kurzgemähte Wiese oder besser: Acker (frisch geeggt oder nur kurzes Getreide, Halme nicht zu hoch, max. 10 cm und noch grün).

1 Binden Sie Ihren Hund an oder lassen Sie ihn von einer anderen Person festhalten. Dann gehen Sie einige Schritte auf das Feld hinaus. Treten Sie einen Fährtenabgang (Dreieck) und verteilen Sie darauf mehrere Leckerchen. Markieren Sie ihn mit einem Stöckchen o.ä., damit Sie ihn auch wiederfinden.

2 Legen Sie die Leckerchen vor sich auf den Boden (Sie stehen noch auf dem Fährtenabgang) und treten Sie darauf. Der Fährtenabgang und Ihr erster Fußabdruck sollten unmittelbar aufeinanderfolgen (keine Lücke lassen!). Nun legen Sie Schritt für Schritt die Fährte. In jedem Schritt kommt ein Leckerchen (die Fußabdrücke berühren sich, festes Auftreten).

3 Die erste Fährte kann ca. 10–15 m lang werden. Am Ende graben Sie eine kleine Kuhle und legen eine Handvoll Futter hinein (so dass es vom Hund nicht gleich gesehen wird). Jetzt machen Sie einen seeehr großen Schritt seitlich von der Fährte weg und gehen im Bogen (von der Fährte weg) zum Hund zurück. Warten Sie nun 10–20 Minuten, damit der Fährtengeruch nicht zu „ausufernd" ist. Dann können Sie Ihren Hund am Fährtenanfang ansetzen.

© Franckh-Kosmos Verlags-GmbH & Co., Stuttgart 2002
Aus: P. Führmann und N. Hoefs „Erziehungsspiele für Hunde"

Trainingskarte für draußen

BRINGEN VERSCHIEDENER GEGENSTÄNDE

Sie können entweder über Sichtzeichen (Richtung einweisen wie beim jagdlichen Dummytraining) oder mit verschiedenen Hörzeichen für verschiedene Gegenstände arbeiten. Beim Training draußen bitte kein Wild etc. aufscheuchen!

1 Beginnen Sie mit zwei Gegenständen und deutlichen Richtungszeichen bzw. Hörzeichen. Verhindern Sie falsches Bringen durch eine lange Leine am Anfang. Werfen Sie einen Gegenstand nach rechts und einen nach links und geben Sie ein deutliches Sichtzeichen, welches der beiden Spielzeuge Ihr Hund holen soll.

2 Laufen Sie gemeinsam mit Ihrem Hund hin und lassen Sie ihn den Gegenstand aufnehmen.

3 Die Hörzeichen müssen sich gut unterscheiden. Jeder Gegenstand bekommt einen eigenen Namen.

TIPP
Steigern Sie die Anzahl der Gegenstände nur langsam!

GEGENSTÄNDE BRINGEN

Mehr zum Thema finden Sie im Buch ab S. 99

1

2

3

© Franckh-Kosmos Verlags-GmbH & Co., Stuttgart 2002
Aus: P. Führmann und N. Hoefs „Erziehungsspiele für Hunde"

Trainingskarte für draußen

▼ FÄHRTENARBEIT

Mehr zum Thema finden Sie im Buch ab S. 111

1 Nehmen Sie den Hund an die Leine und bleiben Sie ca. einen halben Meter vor dem Abgang stehen. Machen Sie den Hund mit „Such!" oder einem anderem Hör- sowie Sichtzeichen auf die Fährte aufmerksam und lassen Sie ihn suchen. Bleiben Sie während des Suchens immer hinter oder neben Ihrem Hund. Achtung: Den Hund nicht nach vorne ziehen oder vorausgehen.

2 Wenn der Hund mal seitlich von der Fährte herunterschnüffelt ist das nicht schlimm, er muss ja lernen, dass die Fährte weitergeht. Sollte er die Fährte wirklich „verlieren" (lassen Sie ihn gar nicht erst einen Meter herunter), zeigen Sie ihm, wo es weitergeht. Lob nicht vergessen.

3 Es ist ganz normal, dass die meisten Hunde im Eifer des Gefechtes einige Futterbröckchen übersehen. Holen Sie ihn auf keinen Fall zurück, sondern lassen Sie ihn einfach weitersuchen.

4 Wenn Sie dann noch eine zweite Fährte legen möchten, achten Sie darauf, dass Sie genügend Abstand zur ersten (bei Windstille mindestens 20 Meter, ihren Rückkehrbogen nicht vergessen!) halten.

TIPP
Länge der Fährte langsam steigern (immer noch geradeaus) und Futter ein wenig reduzieren. Dann ganz leichte Bögen einführen (wieder verstärkt Futter auslegen). Im Laufe der nächsten Wochen Kurven steiler machen, bis Sie bei rechten Winkeln angelangt sind!

© Franckh-Kosmos Verlags-GmbH & Co., Stuttgart 2002
Aus: P. Führmann und N. Hoefs „Erziehungsspiele für Hunde"

Trainingskarte für draußen

▼ VERSTECKSPIEL

Mehr zum Thema finden Sie im Buch ab S. 104

Für ein Versteckspiel sind besonders Wiesen am Waldrand hervorragend geeignet (bitte auf Wild achten).

1 Eine Person hält Ihren Hund fest, während Sie davonlaufen (am Anfang nicht zu weit) und sich hinter einem Baum verstecken.

2 Sobald Sie sich versteckt haben, darf Ihr Hund mit dem gewählten Hörzeichen hinterher. Falls er Sie nicht findet, können Sie ihn mit dem Hörzeichen „Hier!" oder dem Pfiff heranrufen.

3 Hat er Sie hinter dem Baum gefunden, bekommt er eine große Belohnung.

TIPP
Sobald Ihr Hund Gefallen an dieser Übung gefunden hat, darf er nicht mehr zusehen (evtl. die Augen zuhalten – Vorsicht: die meisten Hunde schummeln!), während Sie sich verstecken.

© Franckh-Kosmos Verlags-GmbH & Co., Stuttgart 2002
Aus: P. Führmann und N. Hoefs „Erziehungsspiele für Hunde"

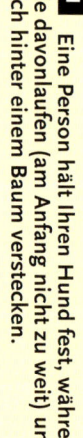

Trainingskarte für draußen

EIGENIDENTI-FIKATION
Mehr zum Thema finden Sie im Buch ab S. 120

EIGENIDENTIFIKATION VON GEGENSTÄNDEN

Sie benötigen mehrere gleichartige Gegenstände (z.B. hölzerne Wäscheklammern), die nicht von Ihnen angefasst werden dürfen (mit Grillzange nehmen etc., in geschlossener Plastikbox aufbewahren). Eines davon stecken Sie sich in die Tasche.

1 Zu Beginn genügt es, wenn Sie nur zwei Gegenstände auslegen. Fassen Sie den neutralen Gegenstand nur mit einer Grillzange an und legen Sie ihn auf den Boden. Daneben wird der von Ihnen getragene Gegenstand ausgelegt.

2 Dann schicken Sie Ihren Hund zu den Gegenständen. Bestätigen Sie ihn sofort, wenn er am richtigen Gegenstand schnuppert.

3 Nimmt er den richtigen Gegenstand auf und bringt ihn zu Ihnen, wird er ausgiebig für diese tolle Leistung belohnt.

TIPP
Steigern Sie die Anzahl der ausgelegten Gegenstände nur langsam!

1

2

3

© Franckh-Kosmos Verlags-GmbH & Co., Stuttgart 2002
Aus: P. Führmann und N. Hoefs „Erziehungsspiele für Hunde"

Trainingskarte für draußen

EIERLAUF
Mehr zum Thema finden Sie im Buch ab S. 133

Verwenden Sie entweder gekochte Eier oder kleine Bälle. Tennisbälle brauchen große Löffel, sonst ist es zu schwierig. Man kann den Parcours als Wettrennen oder als Hindernislauf gestalten.

1 Nehmen Sie den Hund immer an die Leine, auch wenn er sehr gut frei „Bei Fuß!" laufen kann. Als kleine Schwierigkeit wird die Leine über das Handgelenk gelegt – und zwar an dem Arm, der auch das Ei trägt.

2 Um den Slalom schwieriger zu gestalten, können Sie die Hunde auch Slalom laufen oder „Sitz!" und „Platz!" machen lassen.

3 Gewonnen haben diejenigen, die als erste den Parcours durchlaufen haben. Fällt das Ei herunter, sollte die Möglichkeit gegeben werden, zwei- bis dreimal wieder neu anzufangen.

4 Ein weiterer Schwierigkeitsgrad ist das Hindurchkriechen unter einer Stange. Dabei muss sich der Hund ganz genau dem Tempo des Menschen anpassen.

1

2

3

4

© Franckh-Kosmos Verlags-GmbH & Co., Stuttgart 2002
Aus: P. Führmann und N. Hoefs „Erziehungsspiele für Hunde"

Trainingskarte für draußen

ROLLE

Dies ist ein toller Trick, den man überall zeigen kann. Der Hund legt sich hin und rollt einmal um sich selbst.

1 Legen Sie Ihren Hund vor sich ins „Platz!" und rollen Sie ihn sanft auf die Seite. Dann halten Sie ihm ein Leckerchen vor die Nase.

2 Führen Sie dieses Leckerchen in einem Bogen von seiner Nase zu seinen Rippen hin. Er wird mit dem Kopf folgen, und wenn er sozusagen zu seinem Schwanz schaut, bekommt er das Leckerchen.

3 Mit jeder Wiederholung führen Sie das Leckerchen immer weiter in Richtung Rücken, bevor er es bekommt. Manche Hunde rollen sich dann schon von alleine weiter. Gehört Ihr Hund nicht zu diesen, dann können Sie ihn auch herumrollen, indem Sie seine Beine in die Hand nehmen. Danach darf er sofort aufspringen.

4 Jetzt können Sie ein Hand- und/oder Hörzeichen einführen. Geben Sie das Zeichen zu Beginn der Übung. Seien Sie geduldig und bauen Sie die Übung schrittweise auf.

ROLLE
Mehr zum Thema finden Sie im Buch ab S. 51

1

2

3

© Franckh-Kosmos Verlags-GmbH & Co., Stuttgart 2002
Aus: P. Führmann und N. Hoefs „Erziehungsspiele für Hunde"

Trainingskarte für draußen

DER FUCHS GEHT UM

Die teilnehmenden Hunde sollten leinenführig sein und das Hörzeichen „Sitz!" beherrschen. Der „Fuchs" benötigt einen Gegenstand zum Fallen lassen.

1 Alle Menschen stehen im Kreis mit Blick zur Kreismitte. Die Hunde sitzen oder liegen angeleint neben ihren Menschen.

2 Der „Fuchs" geht mit seinem angeleinten Hund und einem Gegenstand um den Kreis herum und lässt (möglichst unbemerkt) den Gegenstand hinter einer Person fallen.

3 Sobald dieser das bemerkt, nimmt er den Gegenstand auf und läuft mit seinem Hund hinter dem „Fuchs" her.
(Nur Schritttempo ist erlaubt!)

4 Wer zuerst an der so entstandenen Lücke ankommt, darf sie besetzen und der andere ist der neue „Fuchs".

DER FUCHS GEHT UM
Mehr zum Thema finden Sie im Buch ab S. 135

© Franckh-Kosmos Verlags-GmbH & Co., Stuttgart 2002
Aus: P. Führmann und N. Hoefs „Erziehungsspiele für Hunde"